AF619519

1939-1945
WORLD WAR TWO

AUTORE

Paolo Crippa (23 aprile 1978) coltiva sin dai tempi del Liceo la passione per la Storia italiana, soprattutto della Seconda Guerra Mondiale. Le sue ricerche si incentrano soprattutto nel campo della storia militare ed in particolare sulle unità corazzate a partire dagli anni '30 fino alla fine della Seconda Guerra Mondiale. Nel 2006 pubblica il suo primo volume, "I Reparti Corazzati della Repubblica Sociale Italiana 1943/1945", prima ricerca organica compiuta e pubblicata in Italia sull'argomento, a cui fanno seguito "Duecento Volti della R.S.I." (2007), "Un anno con il 27° Reggimento Artiglieria Legnano" (2011) e "I reparti controguerriglia della R.S.I." (2020). Ha all'attivo più di quaranta articoli per le riviste Milites, Historica Nuova, SGM – Seconda Guerra Mondiale, Batailes & Blindes, Ritterkreuz, Fronti di Guerra, Mezzi Corazzati, Storia & Battaglie, Umago Viva, La Martinella e Storia del Novecento, sia come autore, sia in collaborazione con altri ricercatori ed ha realizzato collaborazioni e consulenze per altri autori nella stesura di testi storico – uniformologici. Dal 2019 collabora con Luca Cristini Editore nella realizzazione della collana "Witness to War" e dal 2020 ne è il Direttore. Con Mattioli 1885 ha pubblicato "Italia 43-45. I blindati di circostanza della guerra civile" (2014), "I mezzi corazzati italiani della guerra civile 1943-1945" (2015) e "Italia 43-45. I mezzi delle Unità cobelligeranti" (2018).

PUBLISHING'S NOTES

LICENSES COMMONS

For a complete list of Soldiershop titles please contact Luca Cristini Editore on our website: www.soldiershop.com or www.cristinieditore.com. E-mail: info@soldiershop.com

Titolo: **I REPARTI CORAZZATI DEL REGIO ESERCITO E L'ARMISTIZIO VOL. 2** Code.: **WTW-024 IT** Di Paolo Crippa ISBN code: 978-88-93277549 prima edizione maggio 2021
Lingua: Italiano Nr. di immagini: 102 dimensione: 177,8x254mm Cover & Art Design: Luca S. Cristini

WITNESS TO WAR (SOLDIERSHOP) is a trademark of Luca Cristini Editore, via Orio, 35/4 - 24050 Zanica (BG) ITALY.

WITNESS TO WAR

I REPARTI CORAZZATI DEL REGIO ESERCITO E L'ARMISTIZIO VOL. 2

PHOTOS & IMAGES FROM WORLD WARTIME ARCHIVES

PAOLO CRIPPA

BOOKS TO COLLECT

INDICE

INTRODUZIONE

Dopo avere descritto, nel precedente volume, i combattimenti a Roma tra l'8 ed il 10 settembre 1943, che portarono alla perdita della Capitale, nelle prossime pagine verranno passati in rassegna gli eventi successi nell'Urbe, dopo la cessazione delle ostilità: il rapido disarmo della Divisione "Piave", alla quale era stato affidato il controllo dell'ordine pubblico ed il passaggio delle funzioni di pubblica sicurezza alla Polizia dell'Africa Italiana, che operò, anche con i suoi mezzi corazzati, sino all'arrivo degli Americani il 4 giugno 1944.

Verranno successivamente ricordati gli eroici episodi di Resistenza occorsi nel resto della Penisola, dei quali furono protagonisti i reparti corazzati, a Piombino, Parma, Piacenza ed in Sardegna, così quanto accaduto ai reparti corazzati fuori dai confini nazionali in Dalmazia, in Albania, nell'Egeo, in Corsica. Il testo si concluderà con la trattazione dei (falliti) tentativi di ricostituire reparti corazzate all'interno del Regio Esercito cobelligerante e del contributo dato dai Carristi alla lotta di Liberazione.

Come sempre, affronto ogni nuovo lavoro di ricerca con entusiasmo e con rispetto per le vicende (e soprattutto le persone, attori sul palco della Storia) di cui parlerò. Ma per portare a termine qualunque studio non basta questo, non bastano i documenti, ma serve l'apporto che tanti Amici portano, ciascuno in misura diversa, ma tutti in maniera ugualmente preziosa. Ci tengo quindi a ricordare, in un ordine assolutamente casuale, Lorenzo Tonioli, Luigi Manes, Antonio Tallillo e Ralph Ricco, che sono "andati a caccia" di fotografie provenienti dai loro archivi, notizie, documenti, libri.

Giovanni ed Agostina D'Alessandro hanno inoltre fornito immagini del loro papà, che aveva combattuto in Sardegna nei mesi cruciali del 1943. Vorrei ringraziare anche il Colonnello Maurizio Parri, che ha condiviso ricordi e fotografie dell'esperienza di suo papà Raffaello, giovane ufficiale del 4° Reggimento Carristi a Roma ed attivo membro della Resistenza nella capitale. Un importante grazie all'Amico Niccolò Tognarini, il cui fondamentale contributo è servito a ricostruire i fatti avvenuti a Piombino tra l'8 ed il 10 settembre 1943, grazie alla generosa documentazione messa a disposizione, documentazione proveniente dall'archivio del padre professor Ivano, che per anni studiò con grande passione l'argomento ed il cui lavoro di ricerca valse il riconoscimento della Medaglia d'Oro al Valor Militare al Gonfalone del Comune della città toscana per questi episodi. Non posso dimenticare gli ormai compianti Nino Arena e Giorgio Pisanò, che mi aprirono generosamente i loro archivi.

E per finire un ringraziamento a Fabio D'Inzeo, ufficiale dell'Arma di Cavalleria, "andato avanti" nel settembre del 2020, per le tante notizie che ha condiviso con me in lunghi anni di amicizia. A lui dedico questo lavoro, felice di averlo conosciuto e di averlo avuto come Amico, accomunati dalla passione per la Storia e per il Modellismo: abbiamo passato tanti piacevoli momenti insieme.

Grazie a tutti!

L'Autore

▲ Un'autoblinda AB41 del Corpo d'Armata Motocorazzato caricata su un pianale ferroviario pronta per essere impiegata dalle forze armate tedesche.

▼ Autoblindo, carri armati e semoventi italiani appena catturati vengono inviati dai tedeschi su convogli ferroviari verso le linee del fronte.

ROMA DOPO LA CAPITOLAZIONE

Dopo la firma della resa delle forze armate italiane il 10 settembre, lo scioglimento dei reparti in armi e l'istituzione della "Città Aperta" di Roma, come abbiamo visto nel precedente volume, i tedeschi mantennero attivo un servizio di ordine pubblico, garantito da militari italiani. La Divisone "Piave" fu l'unica grande unità a non essere obbligata a consegnare le armi e ad essere sciolta. I vertici militari germanici infatti la destinarono ad essere impiegata come unità che doveva garantire l'ordine nella Capitale, probabilmente per dare l'impressione alla popolazione di un passaggio graduale di competenze e non di una fulminea occupazione. La Divisione "Piave", al comando del Generale di Brigata Ugo Tabellini, fu dunque rimaneggiata nell'organico, fu privata di armamento pesante e venne posta agli ordini del Comando della Città Aperta di Roma. Accanto alla "Piave" fu mantenuta la struttura della Polizia dell'Africa Italiana, che non fu privata nemmeno dei mezzi corazzati di cui disponeva, a discapito dell'Arma dei Carabinieri, ritenuta dai tedeschi troppo vicina alla Casa regnante dei Savoia e dunque non affidabile. Nei giorni successivi alla resa italiana, una decina di camionette AS42 del Battaglione d'Assalto Motorizzato (ed i relativi equipaggi) furono assorbite dalla P.A.I., per evitare che venissero sequestrate dai tedeschi, e fu così costituita una nuova Compagnia, la 13ª, comandata dal Capitano Roberto Curcio, anch'egli proveniente dal Battaglione d'Assalto Motorizzato.

D'altra parte, circa 300 volontari degli Arditi Camionettisti, provenienti dalla 112ª Compagnia Camionettisti del II Battaglione del X, comandata dal Capitano Paolo Paris, e dalla 133ª Compagnia (formata quasi interamente da reduci del Reggimento "Giovani Fascisti"), ma anche da altri militari provenienti dalla costituenda Divisione Paracadutisti "Ciclone", entrarono in contatto con la 2.Fallshirmjäger-Division "Ramke" e riuscirono a farsi accettare tre gli effettivi dell'unità. I militari italiani furono divisi in due gruppi ed uno di questi, al comando del capitano Paris fu aggregato alla Divisione tedesca come Gruppo Esplorante, dotato di alcune camionette AS42 Metropolitane[1]. Il Gruppo "Paris", come sarà poi conosciuto, per alcuni giorni operò per garantire le trasmissioni radiofoniche dell'EIAR e, dopo un breve periodo di addestramento, i Camionettisti seguirono la 2.Fallshirmjäger-Division in Ucraina alla fine di ottobre. L'unità prese parte ai duri scontri sostenuti dalla "Ramke", subendo numerose perdite umane, tra cui lo stesso comandante capitano Paris; tutte le camionette andarono perdute nel corso dell'inverno, le ultime durante il ripiegamento verso la Romania nella primavera del 1944.

La strana situazione creatasi a Roma, con la presenza di una intera Divisione italiana deputata a garantire l'ordine, durò pochi giorni: il 23 settembre, infatti, in seguito alla dichiarazione della nascita della Repubblica Sociale Italiana, i generali Calvi di Bergolo, Tabellini e Maraffa (comandante in capo della P.A.I.) furono improvvisamente arrestati. Gli edifici delle scuole "Giulio Cesare" ed "Ugo Bartolomei" dei quartieri Nomentano e Africano, dove si erano acquartierati i Reggimenti della "Piave", furono rapidamente circondati dai paracadutisti del VII Reggimento della 2. Fallschirmjäger-Division, i militari italiani furono disarmati ed inviati in luoghi di detenzione, mentre tutti i materiali della Divisione furono incamerati dalle forze armate germaniche e la Divisione di fatto sciolta.

Da quella data, dunque, la P.A.I., al comando del Generale Umberto Presti, rimase l'unica unità armata italiana, insieme alla ricostituita Polizia, a presidiare Roma con il consenso dei tedeschi, e mantenne in perfetta efficienza i mezzi blindo-corazzati in dotazione, che furono utilizzati per i servizi d'istituto. La Polizia Africa Italiana, diventa Forza di Polizia della "Città Aperta" di Roma,

1 Le fonti discordano sul numero di camionette AS42 utilizzate dal "Paris", da un minimo di 6 ad un massimo di 9.

era acquartierata al Foro “Mussolini”, ed il suo comandante, gradito ai tedeschi, riuscì ad intessere relazioni con gli antifascisti e la Resistenza romana. Il reparto continuò ad espletare le proprie funzioni di polizia per tutto il periodo dell’occupazione tedesca della Capitale, rifiutandosi di sostituire le stellette al bavero con i fasci littori, nonostante fossero state emanate precise norme in tal senso[2].

In circostanze non del tutto chiarite una camionetta AS42 Metropolitana della P.A.I. fu letteralmente distrutta dal fuoco di un carro armato americano il 4 giugno 1944 in via Nazionale. Al momento dell’arrivo degli alleati nella Capitale, la 13ª Compagnia della Colonna “Cheren” fu incaricata di spostare in luogo più sicuro le camionette della P.A.I. dislocate in città, concentrandole presso il Ministero della Guerra, per impedire che cadessero nelle mani delle truppe tedesche e della R.S.I. in ritirata. Durante il trasferimento i militari della P.A.I. si scontrarono a più riprese con militari tedeschi e fascisti, circostanza che costrinse le ultime tre camionette della colonna a cambiare percorso, verso Via Nazionale. Prima di giungervi gli equipaggi della P.A.I. dovettero nuovamente aprire il fuoco con le mitragliatrici di bordo contro uno sbarramento tedesco e, superato l’ultimo ostacolo, la camionetta comandata dal Tenente Carlo Pettini, con a bordo altre 5 guardie, entrò in via Nazionale nello stesso momento in cui le avanguardie statunitensi stavano risalendo dalla zona della Stazione Termini, provenienti dalla via Casilina. Gli americani, poiché avevano appena udito i colpi d’arma da fuoco provenienti dalla via laterale e credendo di essere quindi sotto attacco nemico, centrarono in pieno la camionetta di Pettini con un preciso colpo di cannone da 75 mm, esploso da un carro armato Sherman, che sventrò il mezzo ed uccise l’intero equipaggio[3]. Oltre al Tenente Carlo Pettini, caddero le guardie ausiliarie della P.A.I. Romeo Aureli, Francesco Bucchieri, Savino De Ponzio, Angelo Perotti e Michele Puddu.

All’arrivo degli Alleati, i reparti della Polizia dell’Africa Italiana presenti a Roma si sciolsero ordinatamente, consegnando i propri mezzi alla Polizia, tra cui almeno 11 camionette AS42 Metropolitana. La Questura di Roma, infatti, già dal 1938 aveva costituito un Battaglione Mobile di Pubblica Sicurezza, che era basato presso la caserma del Forte Tiburtino. Il Battaglione, nel quale erano confluiti anche alcuni Carristi del 4° Reggimento, dopo lo scioglimento del reparto in seguito agli scontri del settembre 1943, aveva in organico una Compagnia Corazzata dotata di carri L3 ed autoblindo AB41, materiale che fu rinforzato con l’arrivo delle camionette AS42 del modello Metropolitano della disciolta P.A.I., mezzi corazzati che venivano impiegati per svolgere servizi di ordine pubblico

2 La P.A.I. resistette ad ogni tentativo di ingerenza da parte delle autorità della Repubblica Sociale ed anche quando si tentò di riorganizzarne la struttura, con l’apertura della scuola di Busto Arsizio (VA) nell’autunno del 1943 (per avvicinare anche dal punto di vista territoriale la P.A.I. al cuore della R.S.I.) e con l’incorporamento nella G.N.R., la forza di polizia coloniale riuscì a mantenere una forte autonomia, tanto che il Comando rimase a Roma sino all’arrivo degli Anglo-Americani.

3 A tal proposito vedere “La Polizia dell’Africa Italiana (1937-1945)” di Piero Crociani (opera citata in bibliografia). Esistono però altre versioni dell’episodio. Una relazione del Capitano Curcio, che sostanzialmente confermala tesi esposta nel testo, afferma che la camionetta di Pettini stava inseguendo un mezzo tedesco, quando si scontrò, per caso con un carro armato americano. In contrasto con questa versione, in una comunicazione del Comando dell’Arma dei Carabinieri Reali di Roma, classificata come “Riservato personale”, destinata al Ministro dell’Interno e datata 19 maggio 1945, con oggetto “Arresto di delatori”, a proposito del Tenente Pettini, leggiamo: “Il Bettini [sic!] fu ucciso in Roma all’atto dell’ingresso delle truppe alleate, mentre con altri tentava ostacolare l’avanzata delle avanguardie angloamericane”. Secondo quanto riportato in questa informativa, dunque, la camionetta stava sostenendo uno scontro con i reparti americani e non fu dunque colpita accidentalmente. Quest’altra versione è stata ripresa da Benedetto Pafi e Bruno Benvenuti nel loro “Roma in Guerra - immagini inedite settembre 1943-giungo 1944” (opera citata in bibliografia): i due autori sostengono che il mezzo del Tenente Pettini si stata l’ultima camionetta a sparare contro gli americani il 4 giugno 1944. Infine, Nicola Pignato e Filippo Cappellano (Gli autoveicoli da combattimento dell’Esercito Italiano”, volume II, opera citata in bibliografia) spostano l’evento alla 6 giugno, a liberazione della città ormai completata, quando, secondo questa versione, 2 camionette della P.A.I. erano di pattuglia, una a Piazza di Spagna e l’altra all’angolo tra via XXIV maggio e via Nazionale. Il secondo mezzo, il cui equipaggio sarebbe stato composto da 2 ufficiali e 4 guardie, sarebbe stato distrutto, dopo avere incrociato un carro armato statunitense, prima che sopraggiungesse la seconda camionetta.

▲ Gli ufficiali di Stato Maggiore del Corpo d'Armata Motocorazzato presiedono alla consegna dei circa 350 mezzi corazzati italiani concentrati nella piana di Ponte Lucano a Bagni di Tivoli il 13 settembre 1943. Al centro il Colonnello Menotti Chieli, che rappresenta la parte italiana nella consegna dei materiali, alla sua sinistra Capo di Stato Maggiore della Divisione "Ariete II", Colonnello Carlo Salinari. I tedeschi inventariarono con puntigliosa meticolosità tutto il materiale requisito (Arena).

▼ Mezzi corazzati ed autoveicoli del Reggimento "Lancieri di Vittorio Emanuele II" ammassati nella zona di Bagni di Tivoli, in attesa di essere prelevati dai reparti tedeschi (Arena).

▲ Due paracadutisti tedeschi montano la guardia ai carri armati ed ai semoventi dei “Lancieri di Vittorio Emanuele II”: i mezzi erano tutti in perfette condizioni operative. In primo piano, sulla destra, si nota un carro comando per batterie semoventi (Arena).

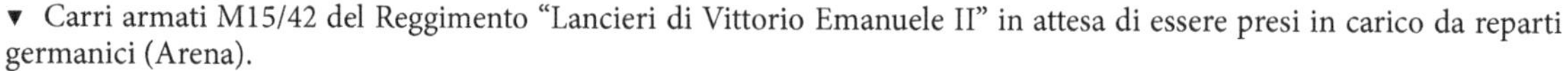

▼ Carri armati M15/42 del Reggimento “Lancieri di Vittorio Emanuele II” in attesa di essere presi in carico da reparti germanici (Arena).

▲ Il 13 settembre reparti della 2. Fallschirmjäger-Division approcciarono la 136ª Divisione Corazzata "Centauro II" per procedere al disarmo della grande unità italiana. Dopo la caduta di Mussolini, ai militari della Divisione Corazzata "M" furono sostituiti i fascetti al bavero con le stellette regie e furono distribuite bustine grigioverdi al posto dei fez neri, cambiamenti evidenti in questa immagine (BA).

▼ Terminati i combattimenti nella Capitale, i soldati della Divisione "Piave", privata delle armi pesanti, ed i militi della Polizia Africa Italiana furono incaricati di mantenere l'ordine pubblico nella città di Roma, in uno strano clima di collaborazione con le forze armate germaniche, che avevano disposto numerosi posti di controllo per le strade, anche appoggiati da pezzi d'artiglieria (B.A.).

▲ Nel cortile di quella che era la caserma della Legione Allievi Carabinieri "Legnano" a Roma, il 12 settembre il maggiore Gericke decorò con la Croce di Ferro i suoi paracadutisti del suo Battaglione, che si erano distinti nel corso dell'assalto al Quartier Generale del Regio Esercito di Centro Marte a Monterotondo. Dietro al reparto di Fallschirmjäger schierato sono parcheggiati diversi semoventi da 75/18 M42 catturati ai reparti italiani duranti gli scontri nella Capitale (B.A.)

▼ Una camionetta AS42 Metropolitana del X Reggimento Arditi circondata da paracadutisti tedeschi il 18 settembre 1943, allorquando circa 300 militari del Reggimento, raggiunta la Capitale, riuscirono ad aggregarsi alla 2.Fallshirmjäger-Division "Ramke". Si tratta probabilmente di un mezzo comando, perché armata solamente con una mitragliatrice da 8 mm, la foto evidenzia inoltre la colorazione mimetica del mezzo e la targa "RE 1192B". Sul cofano della macchina, sopra l'alloggiamento della ruota di scorta, è stato posto un grosso quadro con una fotografia di Mussolini.

▲ Un sottotenente del X Reggimento Arditi discute con un ufficiale ed alcuni paracadutisti tedeschi della 2.Fallshirmjäger-Division "Ramke". L'ufficiale italiano indossa il caratteristico portacaricatori chiamato "Samurai" ed al collo della giubba si notano le fiamme a due punte azzurre degli Arditi.

▼ Nella capitale, due carri M del ricostituito Gruppo "Leonessa", pilotati da carristi che indossano di nuovo a camicia nera, presidiano Palazzo Wedekind in Piazza Colonna, dove tra il tra il 17 ed il 18 settembre fu ricostituito il Fascio romano. I carri appartenevano al 3° Reggimento Carristi ed erano giunti a Roma poco prima dell'Armistizio per armare il IX Battaglione Carri in ricostituzione, presso il deposito del 4° Reggimento Carristi (Crippa).

▲ Due AB41 e due motociclisti della Polizia Africa Italiana presidiano piazza Venezia a Roma nei giorni successivi alla capitolazione delle forze armate italiane. La P.A.I., dietro richiesta delle autorità germaniche, rimase in armi e continuò a garantire l'ordine pubblico nella Capitale fino all'arrivo degli Anglo – americani nel giugno 1944.

▼ Senza alcun preavviso, il 23 settembre 1943, il comando tedesco ordinò di disarmare la Divisione "Piave", che era incaricata di presidiare Roma (B.A.)

▲ I paracadutisti della 2.Fallschirmjäger-Division circondano l'Istituto "Giulio Cesare" dove è acquartierata parte della Divisione "Piave", per procedere al disarmo.

▼ Inizia il disarmo degli italiani della Divisione Motorizzata "Piave" nel cortile del Liceo "Giulio Cesare", in Corso Trieste: gli ufficiali consegnano le proprie pistole.

▲ Le armi individuali e di squadra dei militari della "Piave" vengono accatastati da militari della Feldgendarmerie, mentre gli autocarri della Divisione vengono ispezionati a fondo.

▲ Senza che si tenti alcuna inutile resistenza, i Fallschirmjäger inquadrano i militari italiani disarmati, rastrellati nell'Istituto Scolastico "Ugo Bartolomei".

▼ Paracadutisti tedeschi armati di mitragliatrice montano la guardia ai numerosi autoveicoli requisiti alla Divisione "Piave" (B.A.)

▲ Soldati della Divisione "Piave", vigilati da un nucleo di paracadutisti tedeschi, attendono la loro sorte, probabilmente in via Bressanone.

▼ È la fine anche per la Divisione "Piave": i soldati italiani, a bordo degli stessi autocarri requisiti all'unità, vengono avviati a luoghi di concentramento e detenzione.

▲ Carri armati L3 del Battaglione Mobile della Polizia di Roma nella primavera del 1944: si nota la mimetizzazione e lo stemma della Polizia sul carro in primo piano. Molti uomini e mezzi provenivano dal 4° Reggimento Carristi (Parri).

▼ Carristi del disciolto 4° Reggimento Fanteria Carrista aggregati al Battaglione Mobile di Pubblica Sicurezza di Roma, fotografati nella primavera del 1944. Al centro, con la bustina, il Tenente Raffaello Parri, distintosi negli scontri a Porta San Paolo, che si aderì alle formazioni clandestine militari della Resistenza romana (Parri).

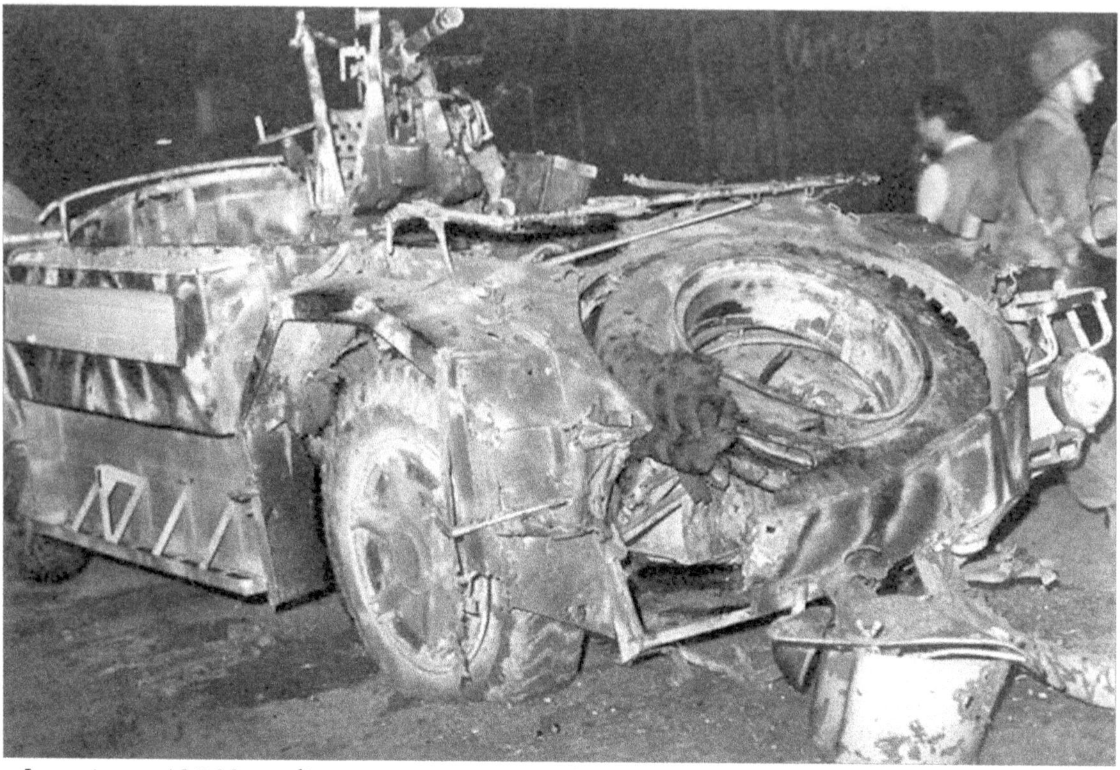

▲ La camionetta AS42 Metropolitana, armata con una mitragliera Breda da 20 mm ed una mitragliatrice da 8 mm, del Tenente della P.A.I. Carlo Pettini, distrutta il 4 giugno 1944 in Via Nazionale a Roma da un colpo di cannone, sparato da un carro armato americano.

▼ La mattina successiva, il mezzo distrutto della Polizia dell'Africa Italiana viene osservato con curiosità dai passanti.

▲ Il Tenente ausiliario della 13ª Compagnia della Colonna "Cheren" della Polizia dell'Africa Italiana Carlo Pettini, morto il 4 giugno 1944 a bordo della camionetta AS42 da lui comandata.

▲ Una camionetta AS42 Metropolitana della P.A.I. per le vie della Capitale il 4 o il 5 giugno 1944: la bandiera tricolore serviva, probabilmente, per non essere scambiata per un mezzo tedesco dagli Alleati, come successo con il veicolo del Tenente Pettini.

▼ Elementi del Battaglione Mobile di Pubblica Sicurezza di fronte al carcere romano di Regina Coeli durante una rivolta dei detenuti. I poliziotti sono appoggiati da alcuni carri L3 e da una camionetta AS42 (Crippa).

▲ Una autoblinda AB41 del Battaglione Mobile di Pubblica Sicurezza in via San Francesco di Sales, lungo il perimetro del carcere romano, pronta ad intervenire. Interessante il simbolo in torretta, rappresentante un asso di picche (Crippa).

▼ Agenti di Pubblica Sicurezza intorno ad una camionetta metropolitana, pronti ad intervenire contro i detenuti rivoltosi. Il mezzo è armato di una mitragliatrice Breda 20mm (Crippa).

▲ Un'altra camionetta AS42 Metropolitana in versione comando, cioè priva di armamento pesante, targata "POLIZIA 255", del reparto celere della Polizia di Roma durante la stessa rivolta carceraria. Queste camionette furono cedute al Battaglione Mobile di Pubblica Sicurezza dalla P.A.I., dopo lo scioglimento seguito all'arrivo degli americani nella Capitale (Crippa).

▼ Soldati americani ispezionano i carri armati L6/40 della Polizia dell'Africa Italiana, dopo il loro ingresso nell'Urbe. L'immagine permette di apprezzare la colorazione giallo sabbia dei corazzati e la presenza della terga "PAI", priva però di numerazione, dipinta sulla prua.

LA REAZIONE DEI REPARTI CORAZZATI NEL RESTO DELLA PENISOLA

I combattimenti di Roma del settembre 1943 vengono giustamente considerati uno dei primi atti della reazione militare italiana contro i tedeschi, passati improvvisamente da alleati a nemici. Il fatto che agli scontri di Roma prese parte un gran numero di reparti ed unità, vari per dimensioni e specialità, unitamente al valore simbolico della difesa della Capitale, fanno sì che questo episodio sia stato assunto a simbolo della Resistenza dei militari italiani.

Non meno importanti, però, furono le risposte ai primi atti ostili compiuti dalle forze armate germaniche in altre città d'Italia, alcune delle quali operate da reparti corazzati, che scelsero unanimemente di sacrificare uomini e mezzi nel tentativo di arginare le aggressioni tedesche, come atto di coraggio e di risposta alle tragiche circostanze dell'Armistizio.

Interi reparti si sacrificarono, spararono letteralmente fino all'ultimo proiettile prima di accettare la sconfitta, riportando perdite umane veramente pesanti, sfidando l'avversario al di là di ogni ragionevole limite. Ripercorriamo pertanto anche questi atti di eroismo, che si consumarono a Piombino, a Parma, a Piacenza, in Sardegna.

1. Piombino

La cittadina costiera toscana, in provincia di Livorno, si rese protagonista di un importante atto di rivolta contro i tedeschi nei giorni immediatamente successivi all'Armistizio[4], a cui prese parte anche il XIX Battaglione Carristi, comandato dal Tenente Colonnello Angelo Falcone, che dipendeva dal 31° Reggimento di Siena. Il Battaglione, mobilitato il 22 aprile 1943, era destinato inizialmente all'Africa Settentrionale, come bacino per alimentare il 133° Reggimento Carristi della Divisione "Littorio", ed il completamento del suo organico andò a rilento, a causa della mancanza di mezzi corazzati, tanto che il reparto raggiunse la formazione completa praticamente solo a metà del 1943[5], su questa struttura:

- Comando
- Compagnia Comando, al comando del Capitano Marcello Bidinost
- 1ª Compagnia Carri M15/42, al comando del Capitano Di Gregorio, su 20 carri, non tutti dotati della mitragliera contraerea
- 2ª Compagnia Semoventi M42 da 75/34
- 3ª Compagnia Semoventi M42 da 75/34

Il Battaglione aveva un organico di 22 ufficiali e 434 tra sottufficiali e uomini di truppa ed una disponibilità di 20 carri M15/42 e di 18 semoventi da 75/34[6], alcuni dei quali ancora in rodaggio, suddivisi sulle due Compagnie Semoventi. Ciascuna Compagnia Semoventi era articolata su:

4 Vale la pena sottolineare che Piombino era già in agitazione dal 25 luglio. Con la caduta di Mussolini, infatti, in città si era creato del fermento tra gli operai delle aziende metalmeccaniche, fermento fomentato da un gruppo di comunisti che operava in clandestinità tra le maestranze operaie. La città, grazie alla presenza di importanti fabbriche e del porto, che permetteva di collegare la Sardegna e la Corsica con l'Italia peninsulare, era un obiettivo strategico molto importante per le forze armate germaniche.

5 I carri M15/42 furono consegnati al Battaglione praticamente subito dopo la mobilitazione, mentre l'assegnazione dei semoventi procedette con il contagocce.

6 Alcune fonti indicano erroneamente che si trattava di semoventi da 75/18.

- Squadra Comando, con 1 semovente per il comandante di Squadra
- 1° Plotone Semovente, su 4 pezzi
- 2° Plotone Semovente, su 4 pezzi

Dopo avere seguito un periodo di addestramento a Colle Val d'Elsa e a San Gimignano, il Battaglione fu assegnato il 5 luglio 1943 al Comando Difesa Territoriale di Firenze, che lo destinò alla difesa del settore di Piombino. Il XIX si trasferì quindi nella zona di destinazione, posto in dipendenza solo operativa dalla 215ª Divisione Costiera, e prese posizione nella pineta di Rimigliano a Torrenuova, tra la via Aurelia e la via Piombinese, a circa 11 km da Piombino, con la Compagnia Carri M in città con compiti di ordine pubblico. Il 1° settembre il XIX Battaglione fu assegnato, come abbiamo visto nel precedente volume, alla 136ª Divisione Corazzata "Centauro II" (ex 1ª Divisione Corazzata "M"), ma il reparto non raggiunse mai la destinazione. Il Battaglione era operativo solo sulla carta: mancavano le munizioni (erano disponibili solo 105 colpi per i cannoni da 47/40 dei carri M, mentre i semoventi erano completamente privi di proiettili, un problema più volte segnalato ai comandi superiori) ed il carburante era scarso. Pochi giorni prima dell'8 settembre fu possibile requisire parte del carico di un convoglio ferroviario, fermo da giorni alla stazione di Campiglia Marittima, creando così un minimo di scorta di carburante.

Il giorno dopo l'annuncio dell'Armistizio, nelle prime ore del giorno, vi fu i primi scontri tra tedeschi ed italiani a Portovecchio. Nella stessa giornata il XIX Battaglione Carri ricevette l'ordine di prelevare 2.000 cartocci granata da 47/40 e 3.000 da 75/34 dal Deposito Artiglieria di Valle Ugione a Stagno (LI) e, per questo motivo, fu inviato un ufficiale con un autocarro lancia 3RO dotato di rimorchio, che dovette però tornare a mani vuote, perché il magazzino si trovava sprovvisto di munizioni, tanto da rilasciare una dichiarazione scritta all'ufficiale carrista, che attestava questa perniciosa situazione[7]. Nel pomeriggio, dietro ordine del generale Perni, Il XIX Battaglione si portò a circa 5 km da Piombino, per sbarrare tutte le vie d'accesso dal mare alla città; l'ordine inoltre dava indicazione di distruggere tutti i documenti riservati e segreti del reparto e di opporsi a qualunque iniziativa tedesca, ma di non contrastare alcun eventuale sbarco alleato[8]. Nella successiva notte tra il 9 ed il 10 settembre due torpediniere tedesche attraccarono a Portovecchio, con la scusa di richiedere rifornimento di acqua e di carburante; i marinai tedeschi sbarcati, approfittando del comportamento dei militari italiani, che volevano evitare ogni scontro, occuparono alcune postazioni della Regia Marina[9]. Nelle ore successive entrarono in porto anche un piroscafo ed alcune unità da sbarco, alcune delle quali si diressero verso la zona industriale, evidentemente con l'obiettivo di occupare la città. A quel punto la popolazione piombinese iniziò a mobilitarsi, andando a dare man forte ai militari delle batterie costiere[10], mentre intorno alle 16:00 il Comandante di Piazza Generale Perni diede ordine al XIX Battaglione di portarsi in forze a Piombino, attestandosi in Piazza Vittorio Emanuele, disponendo i mezzi corazzati lungo Corso Italia. Questo ordine, se da un lato appariva come un atto volto a difendere la città dagli attacchi tedeschi, dall'altro era sicuramente una manovra del Generale

7 L'ordine di prelevamento fu diramato in contemporanea sia dal Comando del 31° Reggimento Carristi, sia dal Comando Settore di Piombino.

8 Quest'ultimo ordine fu diramato direttamente da Superesercito.

9 Parte dei marinai delle batterie avevano lasciato sguarnite le proprie postazioni per concentrarsi presso la stazione ferroviaria, con la speranza di poter prendere un treno per ritornare a casa. A metà mattina gruppi di operai, che si erano procurati le armi abbandonate dai soldati delle batterie antiaeree, che si erano a loro volta allontanati dai pezzi, cercarono di convincere i marinai a ritornare alle loro postazioni, per tentare di imbastire una resistenza contro i tedeschi.

10 La partecipazione dei civili alla cosiddetta "battaglia di Piombino" fu massiccia. La popolazione manifestò violentemente contro i tedeschi e si adoperò per ricostruire gli organici delle batterie e postazioni di artiglieria, dando anche supporto al XIX Battaglione Carri nel corso degli scontri con squadre di armati. Il comitato antifascista, che guidava gli insorti civili, riuscì a dare una direzione ordinata alla reazione delle Forze Armate italiane, che inizialmente si erano sbandate in maniera preoccupante.

Perni per tentare di riportare ordine nella città, dove l'iniziativa degli insorti civili stava andando a riempire quel vuoto di autorità che si stava man mano creando[11]. Alle 18:00 del 10 settembre il XIX Battaglione raggiunse finalmente la città, accolto da una folla di cittadini esultanti. La Compagnia Comando, la 2ª e la 3ª Compagnia assunsero le posizioni previste, mentre 2 semoventi della 2ª Compagnia, al comando del Maggiore Cimino, furono inviati allo stabilimento dell'ILVA ed altri 2 in appoggio alla 1ª Compagnia, schierata a difesa tra la città ed il porto (2 Plotoni a difesa del porto, gli altri a difesa dell'abitato), per sbarrare la strada ad eventuali attacchi tedeschi[12]. I carri M15, appostati come prima linea di difesa in via Antonio Pacinotti, si trovavano in una posizione favorevole che li rendeva invisibili dal mare, ma che permetteva comunque di battere la costa con le armi di bordo, mentre i semoventi furono posti a scacchiere nelle vie trasversali dell'abitato, mimetizzati tra gli edifici. A rinforzo del XIX Battaglione Carri M fu schierata una Compagnia del LVI Battaglione Costiero. Infine, il Capitano Di Gregorio si dispose con 3 carri M e 2 semoventi nei pressi della sede del Comando di Settore, come forza di riserva. Intorno alle 21:30 iniziò uno scontro a fuoco tra alcune navi tedesche e le postazioni costiere italiane e, nel corso della notte, le mitragliatrici dei carri M spararono sovente contro pattuglioni tedeschi, che tentavano di avvicinarsi alla zona industriale. All'1:00 dell'11 il Comando di Piazza ordinò di effettuare un rastrellamento in tutta la zona portuale, operazione che prese l'avvio solamente alle 6, con l'obiettivo di spingere tutti i militari tedeschi verso le banchine portuali. Un gruppo di 3 carri M del XIX Battaglione appoggiò un Plotone del LVI Battaglione Costiero, avanzando sulla strada principale, senza trovare una grossa resistenza, mentre altri carri M si dovettero scontrare con i germanici a Tolla Bassa per impedire infiltrazioni nella Darsena ILVA, riuscendo a snidare tutti i tedeschi che avevano occupato la zona (infiltrandosi anche tra le postazioni degli stessi carri armati), avendo ragione di ogni forma di resistenza, esaurendo però allo stesso tempo le scarse munizioni. I militari germanici iniziarono a ripiegare, seguiti dai carri armati italiani, che raggiunsero il piazzale del porto intorno alle 8 e mezza. Poco dopo il comandante tedesco, richiesta una tregua, ottenne di potersi reimbarcare e lasciare il porto entro le 11:30. Il Tenente Colonnello Angelo Falcone fece schierare sul piazzale del porto 6 carri armati e 2 semoventi, per tenere sotto controllo le operazioni di imbarco dei tedeschi. Intorno alle 17:00, dopo avere raccolto i propri feriti, ma senza avere subito perdite, il XIX Battaglione Carristi ripiegò verso il proprio accampamento, lasciando due Plotoni della Compagnia Carri M a presidio della città.

Poco prima di mezzanotte, però il comandante del XIX Battaglione Carristi ricevette dal Comando di Piazza l'ordine di portare tutto il reparto in città a Porto Baratti, per consegnare i propri mezzi e le proprie armi ai reparti germanici. Dopo aver consultato i suoi subalterni ed aver comunicato al Comando di Piazza di non accettare questa disposizione, il Tenente Colonnello Falconi seppe che anche i due Plotoni rimasti a Piombino avevano ricevuto lo stesso ordine e che gli equipaggi avevano abbandonato i carri, dopo averli sabotati. Falconi, visto il generale stato di sbando che si stava diffondendo tra i reparti del Regio Esercito, fermo nel proposito di non consegnare i carri ai Tedeschi e di non sciogliere il reparto, decise quindi di fare incolonnare il Battaglione in direzione della Strada Statale Aurelia, per dirigersi verso Siena. Qui si trovava il Deposito del 31° Reggimento Carristi, dove il Tenente Colonnello Falconi pensava di mettersi a disposizione del comandante,

11 A Piombino, probabilmente a disposizione della 215ª Divisione Costiera ed a protezione del Comando Piazza in città, vi erano anche due carri L, che, benché presenti agli eventi del settembre 1943, non presero parte alla battaglia

12 Secondo la testimonianza del Kapitänleutnant Albrand, comandante della nave cacciatorpediniere TA11 e del convoglio tedesco, i carri armati del XIX Battaglione, una volta arrivati in città, furono addirittura utilizzati dal Generale Perni, per tentare di disperdere, sparando colpi di avvertimento, la manifestazione popolare, che chiedeva a gran voce di intervenire contro i reparti germanici: *"Nel pomeriggio si udirono degli spari provenienti dalla città. I civili stavano dimostrando. Il Generale italiano mi avvertì di non dare peso a questi spari. Erano i suoi carri armati che sparavano sui civili. Le mie sentinelle dal posto di segnalazione mi confermavano questo fatto (...). Fra le 19.30 e le 20.30 venni a sapere, per indiscrezioni provenienti dalle Acciaierie, che truppe italiane e anche civili avevano intenzione di attaccare"*(BundesArchiv-MilitarArchiv Freiburg, Bestand: R.M.94/V./III M.124, carte 3-19).

Colonnello Formenti. Fu mandato in avanscoperta il Tenente medico Monaci, con un'autovettura ed un autocarro, su cui erano stati caricati i feriti, il quale doveva mettersi in contatto con il Comando del Reggimento, per richiedere ordini. La mattina del 12 settembre, alle 10, il resto del XIX Battaglione si incolonnò alla volta di Siena; la colonna era formata da 4 carri M15/42, 18 semoventi e 19 automezzi. All'appello furono contati 21 ufficiali e 392 sottufficiali e militari di truppa. Prima di Monterotondo Marittimo (GR) furono abbandonati due M15/42, per guasti al motore, causati dal terreno poco favorevole al movimento di corazzati, che dovevano spostarsi sui propri cingoli, dato che il Battaglione non aveva mai ricevuto i carrelli porta carri. Nel pomeriggio, durante la marcia, direttamente dal Comando reggimentale giunse però il Tenente Monaci, con l'ordine del Colonnello Formenti di abbandonare i carri, dopo averli resi inutilizzabili, vista l'assenza di indicazioni dai comandi superiori e visto il pericolo di incontrare unità tedesche lungo a strada per Siena. Il Tenente Colonnello Falconi decise di non dare seguito agli ordini e fece riprendere la marcia alla colonna, dopo aver dovuto abbandonare gli altri due carri M e due semoventi. Alle 18 il Battaglione arrivò nella località di Montieri (GR), dove, raggiunti dalla falsa notizia dell'avvicinarsi di un reparto tedesco, alcuni Carristi, presi dal panico, tentarono di darsi alla fuga. Falconi si trovò costretto ad abbandonare tutti i mezzi corazzati e stabilì di dividere il Battaglione su due colonne, utilizzando i soli autoveicoli, una che avrebbe dovuto puntare su San Giminiano e la seconda su Colle Val D'Elsa, prima di ricongiungersi a Siena. Le due unità si misero in marcia nel corso della notte e, il mattino successivo, la prima, arrivata a San Giminiano, nascosti i propri autocarri, cedette le armi ad una avanguardia tedesca, che era sopraggiunta nel paese. La seconda aliquota del Battaglione trovò Colle Val D'Elsa occupata da reparti germanici, ai quali si arrese. Il Tenente Colonnello Falconi dichiarò sciolto il XIX Battaglione Carri M il 14 settembre 1943.

Riportiamo, a conclusione, la testimonianza del Sottotenente Filograno, del XIX Battaglione Carristi, sui fatti di Piombino: "*Ero a Piombino al XIX Btg Carri M del 31° Regg. Carristi, colà distaccato, quando venne dichiarato l'armistizio. Comandava la piazza di piombino l'Ecc. Cesare M. De Vecchi ed in sottordine vi era un altro Generale. Il 9 il Btg venne impiegato in rinforzo ai reparti costieri. I tedeschi occuparono subito il porto e la ferriera di Piombino e disarmarono i militari e licenziarono gli operai temporaneamente. In porto v'erano due caccia tedeschi, una petroliera e 7 o 8 barconi. Alcuni borghesi presero le batterie lasciate dai militari ed aprirono il fuoco contro i tedeschi, che risposero con le artiglierie dei caccia. La sera del 10 il Btg Carristi fu riunito in Piombino e poco dopo cominciò il cannoneggiamento fra le nostre batterie servite dai borghesi e marinai, carri armati nostri contro i tedeschi dei caccia e dei barconi. Al mattino prendemmo prigionieri i tedeschi di guardia alla ferrovia e quelli dei caccia danneggiati e dei barconi affondati*"[13].

2. Parma[14]

Parma era sede del 33° Reggimento Fanteria Carrista, reparto destinato all'addestramento ed alla formazione del personale Carrista, comandato dal Colonnello Ugo Boldrini. Alla data dell'Armistizio il Reggimento era quasi del tutto privo di carri armati, poiché aveva inviato in Corsica alcuni reparti operativi, con la maggior parte dei mezzi corazzati disponibili. Dopo l'arresto di Mussolini, inoltre, aveva distaccato alcuni plotoni, con gran parte dei pochi carri rimasti, a Milano, Piacenza e Reggio Emilia[15], ai quali furono affidati compiti di ordine pubblico. Nella stessa Parma il 33° Carristi era stato chiamato a presidiare alcuni punti caldi della città il 26 luglio. In particolare, un reparto

13 Testimonianza riportata dal professor Tognarini Ivano nella sua ricerca "Documentazione per la Medaglia d'Oro", opera citata in bibliografia, pagina 89.

14 Per la stesura di questo capitolo, la fonte primaria d'informazione è il pregevole lavoro di ricerca di Mario Zannoni Parma 1943, 8 settembre", opera citata in bibliografia.

15 La notizia dell'invio di reparti a Reggio Emilia è riportata in una relazione dello stesso comandante del Reggimento, Colonnello Boldrini.

appiedato del Reggimento fu inviato presso il carcere cittadino, dove un corteo di cittadini, guidato da alcuni esponenti comunisti, protestavano veementemente, chiedendo la liberazione dei detenuti politici. Due carri armati M13/40 del Reggimento vennero poi dislocati in piazza Garibaldi di fronte alla federazione fascista, per prevenire eventuali eventi violenti. Nel corso della notte successiva, alcune pattuglie di militari controllarono le vie della città, appoggiate da alcune autoblindo, ma non è chiaro a quale reparto potessero appartenere. A Fidenza i carri armati del CCCCXXXIII Battaglione Complementi Carri M, dipendente dal 33° Reggimento, furono impiegati in compiti di ordine pubblico e nuclei di Carristi appiedati avevano presidiato edifici ed impianti della cittadina.

Dal punto di vista del personale, il Reggimento disponeva di almeno 2.200 uomini in carico, in città ed in provincia, ai seguenti reparti dipendenti:

- presso la Caserma "Principe Amedeo" della "Pilotta" a Parma:
  - Comando Truppe al Deposito su 2 Compagnie.
  - Compagnia Comando Reggimentale, con circa 150 uomini.
  - Battaglione Specialisti su 4 Compagnie, comandato dal Maggiore Francesco De Filippo con una forza di circa 600 uomini, raggruppava tutto il personale specializzato, come meccanici, motoristi, elettricisti, marconisti. Era detto anche Battaglione Scuola.
  - Battaglione Deposito su 2 Compagnie, comandato dal Tenente Colonnello Guido Cornelli, disponeva di circa 300 uomini.
  - Banda Musicale Reggimentale, dipendente dal Battaglione Deposito.
- presso la caserma "Marcucci Poltri" in piazzale Santa Fiore a Parma:
  - II Battaglione Addestramento su 4 Compagnie, comandato dal Maggiore Cesare Pensato, disponeva di circa 400 uomini, in corso di addestramento per il passaggio ai carri P26/40[16].
- presso la caserma "Castelletto" a Parma:
  - III Battaglione Addestramento su 4 Compagnie (di cui 3 destinate all'addestramento ai semoventi ed 1 alle camionette[17]). Il Battaglione era comandato, il giorno dell'Armistizio, dal Capitano Elio Modesti ed era equipaggiato con 3 semoventi.
  - Compagnia Mezzi Addestramento con un organico di circa 100 uomini, disponeva di una dozzina di carri armati, tra cui 2 carri M13/40 ed un numero imprecisato di semoventi da 47/32 L40, oltre ad alcuni autocarri e motocicli. I mezzi venivano dislocati temporaneamente presso i diversi reparti per esigenze addestrative.
  - Reparto Riparazione e Recuperi, con una forza di un centinaio di uomini, disponeva di un'Officina e di alcuni autocarri pesanti.
  - Reparto di formazione, formato da reduci della campagna di Sicilia del CCXXXIII Battaglione Semoventi L40, arrivati a Parma intorno alla metà di agosto ed in attesa di riorganizzazione[18].

16 Da una relazione del Colonnello Boldrini riportata da Mario Zannoni in "Parma 1943, 8 settembre", opera citata in bibliografia.

17 La Compagnia camionette era stata costituita il 5 agosto, con una dotazione (teorica) di 8 macchine; non è chiaro se si trattasse di Metropolitane AS42 o di Desertiche modello 43, né se le macchine, che erano parcheggiate in rimessa alla "Pilotta", fossero armate. Risulta che gli uomini avessero iniziato l'addestramento da pochissimo quando sopraggiunse l'Armistizio.

18 Questo Reparto non va confuso con il Battaglione Provvisorio "Sicilia", costituito il 21 luglio 1943, in seguito ad un ordine del Generale Roatta, che imponeva di concentrare i militari siciliani che, come volontari, desideravano andare a costituire speciali unità da inviare contro gli Anglo-americani sull'isola. Il Battaglione costituito a Parma fu, oltretutto,

- a Langhirano (PR):
  - I Battaglione Addestramento su 4 Compagnie, comandato dal Maggiore Giuseppe Stracuzzi. Il reparto, forte di 700 uomini, quasi esclusivamente reclute della classe 1924, era equipaggiato con soli 2 carri L3, del tutto privi di munizionamento. A Langhirano si trovava anche un poligono di tiro nell'alveo del torrente Parma.
- a Fidenza (PR):
  - 33ª Compagnia Cannoni da 20mm, comandata dal Capitano Gaetano Morano, con una forza di 80 uomini, era armata con 8 mitragliere da 20 mm, autotrasportabili.
  - 133ª Compagnia Cannoni da 20mm, comandata dal Capitano Pinotto marogna, con una forza di 80 uomini, era armata con 8 mitragliere da 20 mm, autotrasportabili. Compito di entrambe le Compagnie era di fornire protezione aerea ai reparti Carristi del Reggimento.
  - CCCCXXXIII Battaglione Complementi Carri M su 4 Compagnie, era comandato dal Maggiore Venceslao Rossi, poteva disporre di 420 uomini[19], tutti complementi.

Quest'ultimo reparto, benché fosse quello con la migliore dotazione di mezzi corazzati, tra quelli presenti nella zona, era di fatto un'unità d'addestramento dipendente dal 33° Reggimento Carristi, che avrebbe dovuto fornire uomini per la ricostituzione delle unità corazzate in formazione, dopo le perdite subite in Africa Settentrionale. Il Battaglione era dislocato presso la caserma installata nei locali della vecchia Rocca, disponeva di numerosi mezzi corazzati tra carri armati M15/42 e semoventi da 75/18 M42. concentrati nell'attuale Foro Boario ed in parte lungo la circonvallazione sotto ricoveri di fortuna. Il CCCCXXXIII Battaglione Complementi Carri M si era reso protagonista di un episodio particolare il 26 luglio precedente. A Fidenza, infatti, si trovava da circa un mese il Battaglione Camicie Nere "Emiliano", proveniente dalla Dalmazia, reparto che rifiutò di obbedire all'ordine che imponeva ai reparti della Milizia di sostituire, al bavero, i fasci littori con le stellette del Regio Esercito. Le autorità militari, di conseguenza, ordinarono al CCCCXXXIII di intervenire: il reparto si schierò con i propri carri armati intorno alla scuola dove si era insediato il Battaglione "Emiliano". Le Camicie Nere deposero le armi e, a bordo di un treno, furono condotte al proprio Deposito, dove il reparto fu smobilitato.

A Parma era presente anche il Comando della Divisione Corazzata "Littorio": nonostante la grande unità fosse andata distrutta e non fosse più stata ricostituita, presso un edificio in via XXIII luglio si trovava ancora un numero ridotto di militari. Oltre a vari reparti territoriali e d'istruzione, in città vi era anche il Deposito del 19° Reggimento Cavalleggeri "Guide", forte di 5 squadroni di Cavalleria, ma del tutto privo di mezzi corazzati.

A Parma nelle settimane precedenti l'8 settembre il dispositivo militare tedesco era cresciuto e già dal 20 agosto contava 12.500 uomini, rinforzati da alcuni carri armati Panther e da cacciacarri Marder. Il morale dei reparti italiani dislocati nella città e nei dintorni era abbastanza fiaccato poiché si trattava di unità non operative (non solo i Carristi, ma tutti i reparti presenti), la cui situazione degli approvvigionamenti era alquanto critica: numerosi erano i casi di militari privi di uniforme, molti reparti erano privi di armi o di munizioni, scarseggiavano gli automezzi di qualunque tipo. Non faceva eccezione il 33° Reggimento Fanteria Carrista. Benché i reparti venissero sottoposti ad un continuo addestramento, le esercitazioni a fuoco erano rare ed insufficienti, per via della mancanza di munizionamento, e tra i militari serpeggiava il malcontento e la rassegnazione[20].

inizialmente posto alle dipendenze del 33° Reggimento Carristi, particolare che aumenta ancor di più la confusione.

19 Secondo altre fonti l'organico si aggirava tra i 600 ed i 700 uomini.

20 Il 15 maggio, addirittura, nel tentativo di dare una sferzata al morale degli uomini a lui dipendenti, il Colonnello

Fu in questo clima che la città si trovò ad affrontare le conseguenze dell'Armistizio. Già poche ore dopo l'annuncio dato da Badoglio alla radio, Parma fu percorsa da inquietudine, quando, intorno a mezzanotte, gruppi di antifascisti si recarono al Comando del Presidio Militare in cerca di informazioni e soprattutto di armi: il Comandante della Piazza Generale Moramarco tentò di tranquillizzare gli animi comunicando che le truppe tedesche stavano lasciando la città. In realtà a partire dalle ore 20 le truppe germaniche avevano iniziato i loro movimenti pianificati per occupare i punti chiave di Parma, mentre disposizioni contraddittorie venivano fornite ai nostri soldati, solo in parte pronti nelle caserme.

L'attacco tedesco alla città emiliana scattò intorno all'1:00 del 9 settembre: dopo avere occupato il Municipio, il comandante tedesco Tenente Colonnello delle SS Albert Frey si recò dal Generale Moramarco, intimando la resa entro 20 minuti del Presidio Militare. Moramarco, impressionato dalla minaccia tedesca di bombardare Parma (in realtà un mero espediente tattico), accettò in un primo tempo le proposte di resa, diramandone le disposizioni ai reparti dipendenti, ma, messosi in contatto con il Comando di Zona di Piacenza, ricevette ordine di resistere ad oltranza. Il Generale Moramarco dovette quindi revocare le disposizioni appena diramate.

Alla caserma della "Pilotta", dove si trovava il grosso del 33° Reggimento Carristi, era da poco giunto l'ordine di resa, quando il Colonnello Boldrini comunicò telefonicamente ai suoi sottoposti il contrordine: messa in stato di difesa di tutti i reparti e richiamo in città delle unità dislocate a Langhirano ed a Fidenza. Boldrini comunicò con i suoi uomini soltanto telefonicamente perché, dopo il colloquio con Moramarco presso il Presidio Militare di Piazza... aveva fatto inspiegabilmente ritorno a casa propria. In quel momento il comando del Reggimento era quindi in mano al Tenente Colonnello Ruocco, che inviò i subalterni a richiamare in caserma gli ufficiali che erano a riposo nelle proprie abitazioni.

I tedeschi nel frattempo avevano già bloccato i ponti della città ed avevano disposto propri reparti davanti alle caserme dove si trovavano i militari italiani. I primi scontri si ebbero presso il Palazzo delle Poste, dove un gruppo di soli nove militari dell'84° Battaglione Territoriale bis tenne testa agli attacchi avversari, fino all'arrivo di rinforzi, circa 25 militari al comando di un Tenente, raccolti tra gli addetti ai servizi della caserma del Battaglione. In rinforzo dello sparuto drappello di difesa alla centrale telefonica TIMO, il 33° Carristi aveva, nel frattempo, inviato un plotone di 50 uomini appiedati, al comando del Tenente Menoni e del Sottotenente Ruggeri. Intanto, il Comando del Presidio Militare, investito da un attacco d'artiglieria, si arrese quasi immediatamente ed anche le altre caserme si trovavano in serie difficoltà, sia per il migliore armamento delle unità tedesche, sia per il ritardo con cui i comandi locali avevano preso le contromisure per la difesa della città. Alle 3:00 i tedeschi lanciarono un attacco alla Scuola d'Applicazione delle Armi di Fanteria e dei Carristi, che si trovava nel Palazzo Ducale, che si arrese quattro ore più tardi.

La caserma "Castelletto", dove si trova parte del 33° Carristi, fu circondata verso le 4:00 da soldati della 1ª Compagnia del I Battaglione del 1° Reggimento Corazzato delle SS: i tedeschi avevano intenzione di sopraffare in fretta la caserma, poiché sapevano che all'interno si trovavano alcuni mezzi corazzati. Il Capitano Modesti, che comandava i reparti acquartierati nella "Castelletto", dopo avere ricevuto telefonicamente ordine da Boldrini di prepararsi alla difesa, inviando carri armati e motociclisti in ricognizione nei dintorni, perse momenti preziosi nell'indecisione sul da farsi, e così il presidio dovette subire l'improvviso attacco tedesco. Il Capitano Modesti comunicò immediatamente al Comando di Reggimento di essere sotto attacco, ricevendo ordine di resistere, in attesa dei rinforzi richiamati da fuori città. La situazione però era duramente compromessa ed il Capitano Modesti accettò la resa offerta dai tedeschi.

Boldrini ordinò di fare cantare quotidianamente "canzoni guerriere", ma dopo tre settimane fu constatato che i militari si intrattenevano cantando motivetti di ben altro tipo...

Contemporaneamente anche la caserma della "Pilotta" fu presa d'assalto dai reparti germanici. Intorno alle 3:00, mentre la maggior parte degli ufficiali erano ormai rientrata in caserma, il colonello Boldrini rimase tagliato fuori, perché i ponti sul torrente Parma erano ormai presidiati dai tedeschi, e di conseguenza l'Aiutante Maggiore Tenente Colonnello Ruocco assunse il comando del Reggimento e dei reparti da esso dipendenti ed il Tenente Colonnello Musa quello della caserma, mentre Boldrini iniziò ad impartire ordini telefonicamente. L'unica forza che sarebbe stata in grado di opporre una seria resistenza era costituita dai carri armati e dai semoventi del CCCCXXXIII Battaglione del Maggiore Rossi e dal I Battaglione Addestramento di Langhirano. Alle 3.30 dalla caserma della "Pilotta" il Tenente Colonnello Ruocco contattò il Maggiore Rossi, dandogli indicazioni di convergere su Parma con quanti più mezzi corazzati e mitragliere possibili, motivando l'ordine con vaghi motivi di ordine pubblico, ed indicandogli di portarsi con i suoi reparti presso il ponte Caprazucca, dove sarebbe stato raggiunto dal Colonnello Boldrini, che avrebbe fornito ulteriori dettagli[21]. Poiché le comunicazioni telefoniche con Langhirano risultavano interrotte, Ruocco ricevette ordine di inviare una staffetta al I Battaglione Addestramento, ma il portaordini non poté nemmeno lasciare la "Pilotta", poiché la caserma era già circondata dai tedeschi[22]. All'interno della caserma della "Pilotta" intanto iniziò la distribuzione delle poche armi e munizioni disponibili, e mentre veniva approntata una cintura difensiva, sostenuta dalle sole tre mitragliatrici a disposizione, il Tenente Colonnello Musa diede ordine di approntare le camionette parcheggiate nella rimessa, per tentare una sortita in attesa dell'arrivo dei rinforzi da Fidenza, come da ordini telefonici del Colonnello Boldrini. Nel frattempo, infatti, un plotone della 1ª Compagnia del I Battaglione SS, supportato da un paio di semoventi contraerei, si era stretto intorno alla caserma, riuscendo poi a forzare l'ingresso, mentre il drappello del Tenente Menoni tentava di rientrare in caserma. Nel momento in cui gli ufficiali ordinavano ai Carristi di cessare ogni inutile resistenza, un gruppo di militari tedeschi fece irruzione nell'ufficio del Tenente Colonnello Ruocco, proprio quando il Capitano Orlando tentava, invano, di mettere al sicuro la bandiera del Reggimento. Alle 5 e mezza alla caserma della "Pilotta" ogni tentativo di resistere era stato soffocato. Le principali strutture militari della città erano ormai in mano tedesca ed i soldati italiani fatti prigionieri furono concentrati alla Cittadella: le ultime speranze del Comando italiano risiedevano nei rinforzi in arrivo da Langhirano. Frattanto, il Tenente Colonnello Frey diede disposizione di creare degli sbarramenti, sostenuti dall'artiglieria, sulle principali vie di accesso della città, temendo l'arrivo dei reparti italiani dislocati in provincia.

A Langhirano, intanto, il Maggiore Venceslao Rossi, nonostante non avesse ben chiaro il significato dell'ordine ricevuto da Parma, aveva organizzato la colonna di soccorso, molti Carristi si erano offerti volontariamente, ma, dato il numero limitato di mezzi disponibili, non tutti poterono prendere

21 Non sono però noti i motivi di quest'ordine, apparentemente senza senso, visto che in città ormai i tedeschi avevano praticamente occupato tutti i punti chiave. Alcuni sostengono che l'azione avrebbe dovuto avere come obiettivo la rottura dell'accerchiamento germanico, ma non si comprende il perché, allora, fu dato ordine di far partire da Fidenza soltanto una piccola parte degli effettivi e non l'intero Battaglione. Un'altra interpretazione sostiene che il Comando di Piazza di Parma richiamò in città il reparto per svolgere servizio di ordine pubblico, ordine che però non spiegherebbe l'invio dei semoventi. D'altra parte, nemmeno le fonti militari ufficiali permettono di chiarire esattamente la questione. Infatti, il comandante del 33° Reggimento Carristi, dal quale dipendeva il CCCCXXXIII Battaglione, ne diede solo una stringata relazione: *"L'8 settembre 1943, il comando del Reggimento emanò ordini per la resistenza armata ai Tedeschi e per un'azione di contrattacco imperniata sulla convergenza di due colonne, provenienti da Fidenza e da Langhirano, su Parma. L'esecuzione di tali ordini ebbe solo parziale possibilità di realizzazione. La colonna di semoventi e contraerei proveniente da Fidenza sostenne per alcune ore, il mattino del 9 settembre, nei pressi del torrente Parma, un combattimento contro reparti corazzati tedeschi, riportando sensibili perdite in morti, feriti e prigionieri".*

22 È inoltre probabile che i tedeschi, in qualche modo, avessero tenuto sotto controllo i movimenti dei carri armati italiani e che di conseguenza fossero al corrente della partenza nella notte tra l'8 ed il 9 settembre verso Parma, facendosi trovare preparati con una linea di difesa controcarro ben congeniata. Tra l'altro il Colonnello Boldrini aveva ordinato di inviare un sottufficiale incontro alla colonna, per dare disposizioni più precise. Il Sergente che aveva ricevuto quest'ordine, a bordo di una FIAT 508CM, era stato però catturato dai tedeschi mentre usciva da Parma e, probabilmente, costretto a fornire indicazioni sulla sua missione.

parte all'azione. Intorno alle 5:30 del mattino, la colonna si mise in movimento, composta da una Compagnia Carristi di formazione, forte di un centinaio di militari (soprattutto della 3ª Compagnia), 1 carro M15/42 e 7 semoventi da 75/18 M42[23], ed una Compagnia cannoni di formazione con una cinquantina di soldati, 12 autocarri SPA Dovunque, che trasportavano altrettante mitragliere da 20 mm, 2 camion Bianchi Miles, uno dei quali destinato al trasporto delle munizioni dei cannoni antiaerei, e 2 motociclette Guzzi. La Compagnia di formazione dei Carristi era comandata dal Tenente Giuseppe Riservato (i carri avevano a bordo una dotazione di munizionamento veramente limitata, come se dovessero partecipare ad un'esercitazione, solo 5 granate ciascuno), mentre l'aliquota degli autocarri armati era comandata dal Capitano Pinotto Marogna. A bordo delle due motociclette, il Tenente Riservato apriva la colonna, mentre l'aiutante Maggiore Tenente Cornini teneva i collegamenti tra la testa e la coda. Staffette germaniche intercettarono ben presto la colonna poco dopo Pontetaro, riuscendo a fare la conta dei mezzi italiani in movimento, ed i tedeschi si prepararono così a tendere un'imboscata all'ingresso della città, dopo avere approntato sbarramenti difensivi. La "visita" dei motociclisti tedeschi non faceva presagire nulla di buono e fu dunque dato ordine di spolettare i proiettili dei mezzi corazzati. Intorno alle 6 la colonna raggiunse Parma e, dopo aver attraversato Barriera d'Azeglio ed aver imboccato viale dei Mille, un serpentone di autocarri tedeschi tagliò volutamente la strada ai carri armati italiani, impedendogli di proseguire per diversi minuti, fintanto che i Carristi italiani si accorsero che i camion che formavano il carosello erano sempre gli stessi, che, girando ripetutamente intorno all'isolato, sembravano formare una colonna infinita. Questa manovra aveva però permesso, contemporaneamente, la messa in batteria di due postazioni di cannoni anticarro tedeschi, una delle quali all'imbocco di Ponte Italia (allora Ponte Umberto), e di un nido di mitragliatrice. Ripresa la marcia a Barriera Bixio, diretti per viale Caprera, in formazione da esercitazione, i carri vennero in contatto con le postazioni tedesche, dopo che i due ufficiali Carristi italiani in motocicletta avevano individuato le posizioni avversarie. Purtroppo, il Tenente Riservato, superata la colonna per proseguire la sua perlustrazione verso Ponte Umberto, fu catturato dai tedeschi; nello stesso momento in piazzale Marsala, i tedeschi aprirono il fuoco sulla colonna italiana ed i colpi dei cannoni tedeschi colpirono subito il quarto semovente al centro della formazione, che si incendiò. Il Sergente Jovino, lanciatosi fuori dal corazzato con la tuta in fiamme, venne immediatamente falciato da una raffica di mitragliatrice, mentre il Carrista Strapponi riuscì ad uscire avvolto dalle fiamme, morendo arso vivo a fianco del carro[24]. L'unico a salvarsi fu il capocarro Grassi, che, uscito ferito dal blindato, si accasciò poco distante, venendo soccorso da alcuni civili. Un secondo semovente[25] riuscì a travolgere la postazione tedesca, spingendo il cannone in una scarpata, ma nello stesso momento il semovente del Sottotenente Valente fu colpito al cingolo destro, il pilota Caporalmaggiore Giavazzoli perse il controllo ed il mezzo precipitò nel torrente Parma[26]. Giavazzoli morì sul colpo, il Caporalmaggiore Ledro, marconista, probabilmente rimase ferito agonizzante per ore sotto il ponte Umberto, invocando aiuto, mentre Valente, ripresosi dopo essere svenuto, riuscì a ripararsi in una buca, dove attese il calare delle tenebre.

Gli altri tre semoventi, quello del Sottotenente Semprini[27], quello del Sottotenente Bagnoli e quello del Sergente maggiore Cavirani, riuscirono a forzare il blocco ed entrare in città, attraversando indenni ponte Umberto, ma furono bloccati uno dopo l'altro dai colpi di pezzi anticarro: iI primo si arrestò all'altezza di via Passo Buole, il secondo all'altezza di via Vitali ed il terzo poco prima di

23 Secondo una fonte i semoventi sarebbero stati 8.
24 Il suo corpo era stato reso irriconoscibile dalle fiamme, tanto che solo dopo molti anni fu possibile attribuirgli l'identità.
25 Non è chiaro se fosse il mezzo del Sottotenente Semprini (il primo della colonna) o quello del Sottotenente Valente (il terzo della colonna).
26 Secondo altre fonti, il semovente del Sottotenente Valente riuscì comunque a speronare un carro armato tedesco, trascinandolo con sé nel corso d'acqua.
27 Altre fonti riportano che Semprini comandava il carro M15/42 della colonna.

Barriera Farini. Bagnoli imboccò poi via passo Buole, per sottrarsi al fuoco dei pezzi controcarro portati in tutta fretta dai tedeschi, venendo però colpito da un proiettile perforante: l'equipaggio, uscito dal mezzo, venne rapidamente catturato dai tedeschi, ma soltanto un istante dopo che il Sottotenente Bagnoli aveva sabotato la bocca da fuoco, gettandone l'otturatore in un vicino giardino. Il semovente del Sottotenente Semprini fu catturato invece miracolosamente intatto dai tedeschi. L'unico mezzo ancora in movimento, quello del Sergente maggiore Cavirani, dopo essersi diretto verso la Cittadella, finì sotto il fuoco nemico e, se un primo proiettile anticarro lo mancò, andando a colpire una casa, il secondo ne fece invece fatalmente scempio nel retro. Tutti gli equipaggi, catturati dai tedeschi, furono così condotti alla Cittadella, dove si trovavano già altri prigionieri italiani. Qui era stato portato anche il mezzo del Sottotenente Semprini ed i tre capicarro Semprini, Cavirani e Bagnoli, per un attimo, accarezzarono l'idea di salire a bordo del mezzo di Semprini, lasciato incustodito, per tentare di liberare i prigionieri italiani.

Intento, i tre semoventi al comando del Maggiore Rossi, rimasti all'ingresso di Parma, a Barriera Bixio, con gli autocarri e le mitragliere, ingaggiarono uno scontro a fuoco con le truppe germaniche. I cannoni da 20 mm vennero scaricati dagli autocarri e messi in batteria attorno ai cancelli della barriera, perché nel frattempo i tedeschi avevano recuperato il cannone anticarro dalla scarpata in cui era stato gettato. I tre semoventi furono dislocati in modo da tenere sotto controllo viale Caprera, via Solari e via Spezia. Mentre il Tenente Cornini, inviato al comando della "Pilotta", veniva ferito dai tedeschi, il Maggiore Rossi fu raggiunto da un messaggio scritto del Colonnello Boldrini, che gli ordinava di resistere e di cercare di occupare il ponte Dattaro, da dove sarebbero dovuti arrivare gli attesi rinforzi provenienti da Langhirano. Durante la battaglia due semoventi furono messi fuori uso (quello in viale Caprera e quello posto accanto a Barriera Bixio, a difesa di via Solari) e le perdite umane furono ingenti, mentre gli artiglieri, esposti al fuoco nemico, perché le mitragliere non erano scudate né vi erano ripari di alcun genere, continuavano a sparare ininterrottamente. Un allievo ufficiale, Sottotenente Francesco Villari, non riuscendo a raggiungere la Scuola d'Applicazione, si presentò al reparto a Barriera Bixio, dove chiese di poter dare man forte alla difesa, venendo però ucciso durante lo scontro. Alle 7:30 esplose l'autocarro che trasportava le munizioni delle mitragliere da 20 mm ed alle 8:00, terminate le munizioni, i valorosi militari italiani si dovettero arrendere, non senza avere sabotato i mezzi. I tedeschi iniziarono a rastrellare la zona, in modo da catturare tutti i militari italiani che stavano tentando di allontanarsi, e recuperarono il semovente superstite e le mitragliere da 20 mm[28]. La battaglia fu breve, ma impari e cruenta, tanto che l'eco delle esplosioni arrivò a Fontanellato, come raccontato nel suo diario da un prigioniero britannico lì internato: "*9 settembre - Mi svegliai quella mattina, proprio quando cominciava ad albeggiare, circa alle 6. Mentre me ne stavo sdraiato, sveglio pensando di alzarmi dal letto, realizzai che c'erano molte esplosioni in lontananza. Più tardi venimmo a sapere che c'era una battaglia tra tedeschi e italiani per la stazione ferroviaria di Parma*". I Carristi e gli artiglieri di questa sfortunata colonna pagarono un altro tributo di sangue in questo ultimo tentativo di resistenza. Persero infatti la vita i Sottotenenti Antonio Manazza della Compagnia Cannoni e Francesco Villari[29], il Sergente maggiore Franco Jovino, il Caporalmaggiore Francesco Giavazzoli e i Carristi Achille Piacentini e Giuseppe Strepponi, tutti giovanissimi. Per alcuni giorni i corazzati del CCCCXXXIII Battaglione, danneggiati dal fuoco nemico, furono lasciati nelle strade prima di essere rimossi. La caserma "Marcucci Poltri", dove aveva sede il II Battaglione Addestramento, fu completamente ignorata dai tedeschi, e, nel corso della mattinata al termine dei combattimenti, il Colonnello Boldrini diede telefonicamente il permesso al Maggiore Pensato di abbandonare l'edifico, per evitare ai Carristi la cattura.

---

28 Alcune di queste erano state volutamente messe fuori uso dai serventi, quando ormai la sorte dello scontro era segnata.
29 Il Sottotenente Villari, come abbiamo visto, era un ufficiale allievo della Scuola d'Applicazione che, impossibilitato a raggiungere la sede, si era aggregato alla colonna dei carristi.

Mentre a Parma si concludeva la battaglia tra i Carristi del CCCCXXXIII Battaglione Complementi Carri M e le truppe tedesche, i militari rimasti in caserma a Fidenza vennero a conoscenza della situazione in città. Tra i Carristi, 300 uomini al comando del Capitano Traversa, iniziò a serpeggiare l'inquietudine, acuita dalla mancanza di ordini e l'arrivo di un reparto di SS nella cittadina diede avvio ad un fuggi fuggi Generale. I tedeschi riuscirono a radunare circa 200 Carristi sbandati nella stazione ferroviaria, ma qui, con l'aiuto di alcuni impiegati delle Regie Ferrovie, i soldati italiani riuscirono a mettersi in salvo alla chetichella.

A Langhirano intanto il I Battaglione Addestramento era rimasto tagliato fuori dalle comunicazioni, ma, intorno alle 7:30, giunse notizia di quanto stava succedendo a Parma. Ci fu un conciliabolo tra i comandanti delle 4 Compagnie ed il Maggiore Stracuzzi, al termine del quale ci si preparò a dover resistere ad un eventuale attacco, nonostante i comandanti delle Compagnie avessero proposto di portare il Battaglione sulle alture circostanti. Di sua spontanea iniziativa, il Capitano Giuseppe Febbo, comandante della 2ª Compagnia, si fece consegnare tutte le munizioni disponibili in magazzino e le distribuì tra i suoi uomini. Nel primo pomeriggio arrivarono i primi militari tedeschi, che sorpresero la 3ª e la 4ª Compagnia, dislocate in uno stabilimento, mettendo in allarme il resto del Battaglione. Il Capitano Febbo attraversò immediatamente con i suoi uomini il torrente Parma, facendo bivaccare la Compagnia in attesa degli eventi. Il Maggiore Stracuzzi, con la 1ª Compagnia comandata dal Capitano Bai-Macario, si portò in un bosco per sfuggire la cattura; qui sciolse il reparto, ordinando di sotterrare le armi. Solo la 2ª Compagnia del I Battaglione Addestramento rimase in armi ancora per diversi giorni. Il reparto, come abbiamo visto, che bivaccava sulle alture a sud est di Langhirano, sostenuto dall'aiuto della popolazione locale, riforniva i militari di viveri. Indossando abiti borghesi, Febbo ed alcuni suoi ufficiali tentarono di ricongiungersi con qualche comando italiano in zona, ma, di fronte allo sfacelo totale a cui assistettero, il Capitano radunò i suoi 180 uomini il 20 settembre, ordinò di occultare le armi, e diede disposizione ai suoi uomini di allontanarsi a piccoli gruppi, per cercare di rientrare presso le proprie famiglie e, se possibile, di oltrepassare le linee nemiche per raggiungere il Meridione e le forze regie che iniziavano a riorganizzarsi. Il Capitano Febbo riuscì a raggiungere Lanciano (CH), dove il 3 dicembre si presentò alle autorità del Regio Esercito, che stavano risalendo la Penisola con gli Alleati.

Il Colonnello Boldrini, comandante del 33° Reggimento Fanteria Carrista, tentò di raggiungere Langhirano nel pomeriggio del 9 settembre in bicicletta, accompagnato da altri due ufficiali, ma, avuta notizia di quanto successo al I Battaglione Addestramento, consapevole che non ci fosse più nulla da fare, si mise in salvo rifugiandosi presso conoscenti.

3. Piacenza

Nella mattinata del 9 settembre due carri armati del 33° Reggimento Carri giunsero da Fidenza a Piacenza, dopo che il locale Presidio Militare aveva inviato una richiesta d'aiuto[30]: la città era stata infatti investita da un feroce attacco da parte di unità corazzate germaniche. I due carri presero immediatamente parte agli scontri, ma vennero rapidamente colpiti e messi fuori uso e quattro Carristi morirono in quel frangente: il primo carro fu centrato alle ore 10 e rimase immobilizzato e vi trovò la morte il Caporale Roberto Sampaolo. Il secondo carro cercò di soccorrere il primo, ma fu colpito dalle bombe d'aereo dell'aviazione nemica di stanza a San Damiano: il pilota Franco Dall'Aquila morì all'istante, mentre il Sottotenente Gugliemo Dimeo non poté essere soccorso. Non miglior sorte ebbe un terzo carro armato, probabilmente uno di quelli distaccati nella cittadina il 26 luglio, e l'equipaggio fece una brutta fine: il Sergente Lorenzo Corratella morì all'istante, il pilota Carrista gravemente ferito Capelli si salvò ma subì, due mesi, dopo l'amputazione delle gambe.

30 Già dal 26 luglio, ufficialmente per esigenze di ordine pubblico, due carri del CCCCXXIII Battaglione Complementi di stanza a Fidenza, erano stati dislocati a Piacenza al comando del Sottotenente Ugo Fracassi.

4. Sardegna

Nonostante avesse perso gradualmente importanza strategica, dopo la perdita della Sicilia, al momento dell'Armistizio la Sardegna era presidiata da 4 Divisioni Mobili e 3 Divisioni Costiere, organizzate in due Corpi d'Armata, che assommavano 5.108 ufficiali e 126.946 tra sottufficiali e uomini di truppa. L'8 settembre era inoltre presente in Sardegna il Raggruppamento Motocorazzato "Scalabrino", costituito nel marzo del 1943, formato da:

- 32° Reggimento Carri, comandato dal Generale Ercole Calvi, costituito da:
    - Comando (dislocato a Sanluri)
    - Plotone Comando (dislocato a Sanluri)
    - Officina Reggimentale (dislocata a Monti)
    - II Battaglione Carri L35, dislocato a Sanluri; comandato dal Tenente Colonnello Luigi Longo, era posto alle dipendenze del Comando della Divisione Paracadutisti "Nembo" ed una Compagnia del Battaglione era dislocata a Tempio Pausania.
    - XVI Battaglione Carri M41, dislocato ad Ozieri al comando del Maggiore Furla
    - CC Battaglione Carri Somua[31], dislocato a Dolianova, era comandato dal Capitano Dal Pozzo e dipendeva per l'impiego dal XIII Corpo d'Armata
    - 9ª Compagnia Motomitraglieri
    - 10ª Compagnia Motomitraglieri
    - 11ª Compagnia Motomitraglieri
    - 13ª Compagnia Motomitraglieri
    - 2ª Compagnia del I Battaglione Controcarro autocarrato da 47/32
- DLXI Gruppo Semoventi da 75/18
- 195ª Legione M.V.S.N.
- I Gruppo Artiglieria da 75/27
- I Gruppo Artiglieria da 100/17
- XXI Battaglione Autonomo di Fanteria.

Il DLXI Gruppo Semoventi da 75/18 era stato costituito presso il Deposito del 131° Reggimento Artiglieria di Livorno nella seconda metà del 1942, passando alle dipendenze della Divisione di Fanteria "Friuli" nel maggio dell'anno successivo e raggiungendo il pieno organico solo nel mese di agosto. Il reparto era dotato di 18 semoventi da 75/18 e 2 carri comando, oltre a 35 vetusti autocarri FIAT 18BL e 23 autocarrette SPA CL39. Il Gruppo (meno 1 Batteria) formava il Gruppo Motoco-

31 La Germania aveva ceduto 32 (o 33, secondo le fonti) carri Somua S35 all'Italia, a fronte di una richiesta di 50, per organizzare una "Compagnia Mista Sperimentale", da utilizzare in nord Africa, composta da:

- Plotone autoblindo
- Plotone carri R35
- Plotone carri S35.

Solo il Plotone autoblindo fu effettivamente inviato in Africa, i carri S35 furono invece mandati, senza parti di ricambio, in Sardegna, andando ad equipaggiare il CC Battaglione del 131° Reggimento Carristi dal giugno 1941, che dopo l'addestramento di base fu trasferito nel Veneto nel successivo luglio. Con circolare del 15 dicembre 1941 il Battaglione, su sole due Compagnie, fu trasferito in Sardegna e fu incorporato nel 32° Reggimento Carri il 20 settembre 1942. Comandato dal Maggiore Enzo del Pozzo, entrò a far parte del Raggruppamento Motocorazzato "Scalabrino" nel marzo 1943. Al momento dell'Armistizio, i carri Somua non si trovavano in condizioni ottimali e non parteciparono ad operazioni di rilievo durante gli eventi militari che seguirono l'8 settembre sull'isola.

razzato "Ravot", insieme alla 1ª Compagnia Carri M. L'altra Batteria del Gruppo ed il CC Battaglione Carri Somua erano alle dipendenze del XIII Corpo d'Armata. Sull'isola era anche presente il XVIII Battaglione Carri M, che dipendeva dal Comando del XXX Corpo d'Armata.

Il Raggruppamento, che aveva preso il nome dal suo comandante, Generale di Brigata Giovanni Maria Scalabrino, aveva sede a San Gavino (SU) e formalmente dipendeva dal XIII Corpo d'Armata, con funzioni di truppa di copertura ed antisbarco, con un organico di 180 ufficiali, 319 sottufficiali e 2.578 uomini di truppa. L'unità era stata divisa in due Gruppi tattici, uno dei quali dislocato tra Tempio Pausania (SS) ed Olbia, la cosiddetta "Zona Logistica dei Monti", dove erano stati stoccati viveri, munizioni e carburanti, in previsione di uno sbarco alleato.

I reparti del Raggruppamento Motocorazzato reagirono in maniera decisa alla proclamazione dell'Armistizio, sventando il tentativo tedesco di impadronirsi del Comando del Raggruppamento la mattina del 9 settembre, facendo pressione sulle truppe tedesche di stanza sull'isola, in modo che venissero spinte dall'interno verso la fascia costiera, per evitare che si dirigessero a nord, ai porti di imbarco. Il 15 settembre il XVI Battaglione Carri M, appoggiato da una Compagnia di motomitraglieri e 2 di fanteria occupò i depositi tedeschi di Monti, ed il giorno successivo le truppe italiane si suddivisero in due colonne, la Colonna "Di Nisio", rinforzata da una Compagnia di semoventi, e la Colonna "Garelli", a cui era aggregato il XVI Battaglione Carri Medi. Il resto del Raggruppamento "Scalabrino" si era portato fra Teti e Scalangius, con il sostegno di 18 carri armati Somua del CC Battaglione e di 6 semoventi del DLXI Gruppo Semoventi da 75/18, incalzando i tedeschi, che si stavano portando a nord dell'isola: purtroppo molti dei Somua S35 si trovavano in cattive condizioni e poterono dare solo un apporto limitato alle operazioni. Il giorno 17 i reparti della Divisione "Nembo", appoggiati dal II Battaglione Carri L35, diedero inizio alle operazioni per liberare la zona del Campidano e del Sarcidano. Il 18 settembre le truppe tedesche, per sottrarsi definitivamente ai combattimenti con gli italiani, iniziarono ad imbarcarsi per lasciare l'isola, terminando le operazioni il 20. Il 2 ottobre ci furono gli ultimi caduti del Raggruppamento, il Sergente maggiore Lodovico Marafon ed il Caporale Edoardo Galletti, morti a bordo dei loro due semoventi da 47/32, esplosi su una mina, durante l'occupazione di un centro abitato.

I reparti del Raggruppamento "Scalabrino" rimasero di presidio all'isola fino all'agosto 1944, tra alterne fortune (il 32° Reggimento venne sciolto il 2 ottobre), come vedremo nel capitolo successivo.

5. Altri episodi di resistenza

L'8 settembre la 2ª Divisione Celere "Emanuele Filiberto Testa di Ferro" stava rientrando dalla Francia, di cui facevano parte il II Gruppo "San Marco" ed il III Gruppo "Piemonte Reale". Il "San Marco" venne disarmato sulla via del ritorno in Italia, mentre il "Piemonte Reale, giunse in prossimità della cintura torinese senza problemi. Tra Nichelino, Caraglio, Villafalletto e Savigliano il I Squadrone Carri L6 del "Piemonte Reale" si oppose alle truppe tedesche in diversi scontri a fuoco. Il 12 settembre, in ottemperanza agli ordini ricevuti e dopo aver posto in salvo lo stendardo, il Gruppo venne disarmato insieme al resto della Divisione. Il 3° Gruppo Carri L "San Giorgio", che si trovava in ricostituzione in Piemonte, venne invece interamente catturato.

Alla fine di agosto un Plotone di semoventi L40 del IV Gruppo Corazzato "Alessandria" erano stato inviato in Val Canale da Codroipo (UD), dopo che reparti tedeschi erano entrati in Italia dal valico del Tarvisio. Al momento dell'Armistizio questo reparto reagì ai movimenti germanici, senza avere purtroppo alcun successo.

▲ Carri armati M15/42 del XIX Battaglione del 31° Reggimento Carristi durante gli scontri dell'11 settembre 1943 a Piombino. I mezzi, che appaiono mimetizzati a tre toni secondo lo standard del periodo, dovrebbero essere posizionati nei dintorni dell'Istituto Tecnico "Pacinotti", in lontananza si vede il campanile della chiesa di Sant'Antimo (collezione privata via Niccolò Tognarini).

▼Alcuni militari della Kriegsmarine e, probabilmente, della Luftwaffe, posano davanti ad uno degli M15/42 del XIX Battaglione, catturati al termine degli scontri dell'11 settembre. L' immagine permette di apprezzare la mimetica dei mezzi, sui quali si vede ancora la targa del Regio Esercito (collezione privata via Niccolò Tognarini).

▲ Dopo la battaglia di Piombino, i carri del XIX Battaglione del 31° Reggimento Carristi furono probabilmente ammassati in qualche località della città, in attesa di essere destinati a qualche reparto corazzato tedesco, come testimoniato da queste fotografie scattate il 10 novembre 1943 (collezione privata via Niccolò Tognarini).

GLI SCONTRI DEL 9 SETTEMBRE 1943 A PARMA
N
1 - Il CCCCXXXIII Battaglione Complementi Carri M entra a Parma intorno alle 6:00 da Barriera D'azeglio, imboccando Viale dei Mille
2 - La colonna viene bloccata da autocarri tedeschi che tagliano volutamente la strada
6 - Ultimi scontri a Barriera Bixio tra i tedeschi, i tre semoventi del maggiore Rossi ed il plotone di autocarri armati con mitragliere da 20mm. Alle 8:30 la battaglia a Parma è terminata.
TORRENTE PARMA
5 - I tre semoventi vengono bloccati dal fuoco nemico tra Via Vitali e Via Passo Buole
3 - Dopo aver passato Barriera Bixio, i corazzati italiani entrano in contatto con i reparti tedeschi
4 - Scontri in Piazzale Marsala, solo 3 semoventi riescono a forzare e ad oltrepassare Ponte Umberto I

▲ Due carri armati M13/40 del 33° Reggimento Carristi presidiano Piazza Garibaldi a Parma, nei pressi della locale federazione fascista, il 26 luglio 1943 (Manes).

▼ Ragazzi e bambini intorno ad un semovente da 75/18 M42 italiano del CCCXXXIII Battaglione Complementi Carri M colpito a piazzale Marsala a Parma (Manes).

▲ La sede del presidio Militare di Parma al termine degli scontri in cui i reparti italiani cercarono di proteggere la città dall'occupazione tedesca. Sono evidenti, sulla facciata del palazzo, i colpi sparati dai canoni tedeschi durante la battaglia (Manes).

▲ Il semovente da 75/18 del Sottotenente Valente, caduto nel greto del torrente Parma, dopo essere stato colpito ad un cingolo (Manes).

▲ Uno dei semoventi del CCCXXXIII Battaglione Complementi immobilizzato a Barriera Bixio durante gli scontri del 9 settembre 1943 (Manes).

▼ Spinti dalla curiosità tipica dell'età, un gruppo di ragazzi in bicicletta osserva le mitragliere italiane da 20 mm lasciate al termine della battaglia nei pressi di Barriera Bixio a Parma (Manes).

▲ In questa immagine il semovente che era stato posto a difesa di viale Caprera: il mezzo appare gravemente danneggiato (Manes).

▼ Questi carri Somua S35 francesi di preda bellica sono in attesa di essere imbarcati per l'invio in Sardegna, assegnati al CC Battaglione del 131° Reggimento Carristi. I mezzi sono dipinti in colore verde scuro e recano un curioso simbolo sulla torretta, raffigurante il profilo di un rinoceronte, di colore bianco o azzurro (A.S.S.Fort Sardegna via Giovanni Olla).

▲ Un altro dei semoventi che si batterono a Parma a Barriera Bixio, accanto all'edificio del Dazio, nei pressi di viale dei Mille. Si nota il foro di uno dei proiettili controcarro, che ha colpito il corazzato proprio accanto alla targa "RE 6457" (Manes).

▲ Ufficiali del 33° Reggimento Fanteria Carrista a colloquio con ufficiale delle SS dopo la resa delle truppe di Parma (Manes).

▲ Lapide commemorativa per i carristi caduti il 9 settembre 1943, posta in piazzale Marsala a Parma, nel luogo che fu il fulcro del combattimento.

▲ Nella foto, a destra indicato dalla freccia, il Caporale Roberto Sampaolo del 33° Reggimento Fanteria Carrista, morto a Piacenza nel suo carro armato mentre contrastava le truppe tedesche (Carlini).

▲ Un L3/33 Lanciafiamme appostato in un uliveto in Sardegna (D'Alessandro).

▼ Carro armato L3/35 del carrista Del Brocco in Sardegna: il mezzo è quasi completamente coperto dalla polvere, che crea una sorta di mimetica naturale (Del Brocco).

LA REAZIONE DEI REPARTI CORAZZATI ALL'ESTERO

Anche per i reparti corazzati che si trovavano fuori dai confini nazionali, la sera dell'8 settembre aprì un momento di transizione particolarmente difficile, creando uno stato confusionale assoluto, reso più acuito dalla distanza dalla madrepatria. Quello della resistenza dei militari italiani all'estero è un capitolo abbastanza sconosciuto di quei terribili momenti, sono infatti noti i fatti di Lero e di Cefalonia, perché spesso citati in occasione della ricorrenza del "25 aprile", ma meno noti sono i molti altri episodi in cui unità militari italiane resistettero ai tedeschi fino al limite della propria capacità operativa. È vero che le forze armate regie reagirono in maniera scoordinata alla notizia dell'Armistizio, molte unità si sbandarono, tentando di rientrare in Italia, e solo sparuti reparti continuarono a combattere accanto all'alleato tedesco, ma ci furono anche reazioni più o meno consistenti da parte di reparti corazzati (e non solo), che non cedettero le armi e si rivolsero contro i tedeschi, soprattutto in Corsica, dove la resistenza fu accanita ed organica.

Il giorno dell'Armistizio si trovavano fuori dai confini nazionali questi reparti corazzati:

- in Francia:
  - Gruppo Squadroni Carri L6/40 (nella Francia Meridionale)
  - 3 Battaglioni Carri L , 2 Battaglioni Semoventi da 47/32 ed altre unità minori in Corsica (vedremo il dettaglio nel successivo paragrafo)
- in Albania:
  - DLXVIII Gruppo Semoventi da 75/18
  - CXXXII Battaglione Semoventi da 47/32
- in Jugoslavia:
  - Compagnia Autonoma Carri (Zara)
  - Compagnia Autonoma Autoblindo (Lubiana)[32]
  - I Battaglione del 31° Reggimento Fanteria Carrista (Croazia)
  - III Battaglione del 31° Reggimento Fanteria Carrista (Montenegro)
  - I Gruppo Carri L "San Giusto" (tra il Quarnaro e la Dalmazia)
  - II Gruppo Carri L "San Marco" (Dubrovnik e Spalato)
  - numerosi Plotoni e Compagnie autonomi di carri armati ed autoblinde
- nel Dodecaneso:
  - CCCXII Battaglione Misto Carri (Rodi)
  - 51ª Compagnia Autonoma Carri L3 (Creta)

Vediamo ora nel dettaglio le vicende a cui andarono incontro queste unità.

32 Originata dal Reggimento "Nizza Cavalleria".

6. Corsica

La Corsica era stata occupata dagli italiani nel novembre 1942 e al momento dell'Armistizio si trovava a presidio il VII Corpo d'Armata, comandato dal Generale Magli, che disponeva di circa 60.900 militari. Il Comando italiano in Corsica si trovava presso l'Hotel "de la Paix" a Corte, un paese con una cittadella fortificata tra le montagne centro-settentrionali dell'isola.

Quella in Corsica fu l'unica resistenza vittoriosa in territorio francese; sull'isola erano presenti i seguenti reparti corazzati:

- CXXXI Battaglione Semoventi da 47/32 della Divisione di Fanteria "Cremona". Proveniva dal Deposito del 31° Reggimento Carristi di Siena ed era stato assegnato alla "Cremona", inviata in Corsica nel novembre del 1942 in seguito allo sbarco alleato in Algeria e Tunisia.
- XX Battaglione Semoventi da 47/32, comandato dal Tenente Colonnello Alessandro Minelli, assegnato alla Divisione "Friuli". Il Battaglione si era formato presso il Deposito di Verona del 32° Reggimento Carristi.
- XIII Battaglione Carri L, proveniente dal 33° Reggimento Carristi, al comando del Maggiore Antonio Anedda, in buona parte era equipaggiato con carri leggeri rimodernati L3/38. Il Battaglione, di stanza in Sardegna, era stato inviato in Corsica durante l'occupazione dell'isola nel novembre del 1942. Aveva un organico di 22 ufficiali, 32 sottufficiali e 316 uomini di truppa ed era articolato su:
    - Compagnia Comando
    - 1ª Compagnia Carri
    - 2ª Compagnia Carri
    - Compagnia Motomitraglieri
- I Battaglione Carri L del 33° Reggimento Carristi, comandato dal Maggiore Gaspare Calcara, su:
    - Compagnia Comando (con 2 carri L3/35 e 2 carri L6/40)
    - 1ª Compagnia (con 13 carri L3/35)
    - 2ª Compagnia (con 13 carri L3/35)
    - 3ª Compagnia (con 13 carri L3/35)
- II Battaglione Carri L del 33° Reggimento Carristi
- 10° Raggruppamento Celere, al comando del Tenente Colonnello Ettore Fucci. Era stato costituito con Battaglioni e Compagnie distaccati da Depositi e Reggimenti, per essere messi a disposizione del VII Corpo d'Armata in Corsica. Il Raggruppamento fu costituito a Corte, dove si trovava il Comando italiano; composto di Alpini e Bersaglieri era una sorta di forza celere di pronto intervento, da utilizzare per qualsiasi evenienza in ogni parte dell'isola. Era formato da:
    - Comando
    - XXXIII Battaglione Bersaglieri Ciclisti[33]
    - LXXI Battaglione Bersaglieri Motorizzato
    - 107ª Compagnia Motociclisti
    - 7ª Compagnia Autoblindo, su Plotone Comando e 4 Plotoni Autoblindo, con 17 autoblindo AB41[34]

33 Era dislocato a Vizzavona, un minuscolo paese a circa 40 chilometri a sud di Corte, a 900 metri d'altezza.

34 Questa altro non era che la 1ª Compagnia del 18° Reggimento Bersaglieri, che era stata distaccata dal reparto originario ed inviata in Corsia come rinforzo per il 10° Raggruppamento Celere.

Complessivamente sull'isola erano disponibili 55 semoventi da 47/32 L40, 69 carri leggeri L3/35 ed L3/38 e 17 autoblindo AB41.

Nella seconda metà del 1943 i comandi italiani dovettero gestire un sentimento di crescente ostilità da parte francesi. La proporzione tra il contingente italiano e gli abitanti dell'isola era quasi esagerata, con un rapporto di circa un soldato ogni tre abitanti, situazione che veniva vissuta dai corsi come una sorta di provocazione continua. Le autorità italiane tentarono in ogni modo di dare alla presenza militare un carattere puramente difensivo nei confronti di possibili attacchi Alleati, ma i corsi, con il passare del tempo, la percepirono in maniera sempre crescente come una vera e propria occupazione.

I reparti italiani, rimasti all'oscuro dell'Armistizio, l'8 settembre si trovavano a presidio di lunghi tratti di costa, per evitare sbarchi alleati, mentre i tedeschi della SS-Sturmbrigade "Reichsführer SS" erano dislocati nella zona di Sartene. A sostegno di quest'ultima, nella notte tra l'8 ed il 9 settembre sbarcò a Bonifacio la 90.Panzergrenadier-Division e fin da subito i reparti italiani vennero ingaggiati dagli ormai ex-alleati, con azioni fulminee che miravano all'occupazione completa dell'isola. La sorpresa dettata dall'attacco tedesco disorientò notevolmente i reparti italiani, inizialmente convinti di essere attaccati da truppe americane, ma, chiarita la situazione, la reazione italiana si dimostrò decisa ed inflisse forti perdite ai tedeschi.

Il porto di Bastia fu subito occupato, ma i reparti del Regio Esercito riuscirono a riprenderne possesso in breve tempo. L'occupazione del porto avrebbe rappresentato per i tedeschi un grosso vantaggio: da un lato avrebbe precluso alle truppe italiane la via per rientrare verso la Sardegna, dall'altra si sarebbero assicurati un sicuro accesso per ricevere rinforzi e rifornimenti. Agli scontri presero parte i semoventi del XX Battaglione Semoventi da 47/32 della Divisone "Friuli", che era di stanza in città.

Quasi contemporaneamente, numerosi violenti scontri si accesero in molte parti dell'isola, con alterne fortune ed il porto di Bastia fu nuovamente perduto.

Il 14 settembre iniziò ad affluire nel porto di Ajaccio la 4ª Divisione franco- marocchina del 1° Corpo d'Armata, a sostegno delle truppe italiane, ed il 23 dalla Sardegna giunse ad Ajaccio la 1ª Batteria del DLXI Gruppo Semoventi da 75/18, su 6 pezzi; la Batteria fu spostata poi a Corte, partecipando alle successive operazioni contro i tedeschi, giungendo fino a Bastia. Da quel momento, le operazioni sul fronte di Bastia proseguirono congiuntamente e la collaborazione fra italiani e francesi alla completa disfatta delle truppe tedesche tra il 29 settembre ed il 4 ottobre. Quel giorno fu nuovamente riconquistato il vitale porto di Bastia, da dove le forze armate germaniche si stavano imbarcando per mettersi in salvo sul continente, ed il giorno successivo furono catturati gli ultimi prigionieri tedeschi.

L'immediata reazione e la compattezza con cui i reparti italiani reagirono all'offensiva tedesca fece sì che sull'isola non si assistette alla tremenda rotta che si ebbe invece nei Balcani, nonostante i combattimenti fossero stati sostenuti dai reparti italiani in uno stato di evidente inferiorità d'armamento. L'impegno profuso consentì però lo sbarco indisturbato delle truppe francesi e la combattività dei soldati italiani inflisse importanti perdite tra i tedeschi, causando loro un notevole ritardo nell'abbandono dell'isola.

Dopo avere eliminata la minaccia tedesca nelle due isole, però, i comandi Alleati non ritennero più opportuna la presenza di unità corazzate italiane, tanto che ai reparti presenti in Sardegna furono confiscati materiali, come le stazioni radio dei carri armati, in modo da renderli inutilizzabili, mentre quelle dislocate in Corsica dovettero cedere i proprio blindati ai francesi degaullisti. Infatti, furono confiscati tutti i semoventi al CLXXXI ed al XX Battaglione dai reparti francesi e le due unità furono traferite in Sardegna (il 20 ottobre il XX Battaglione ed il giorno successivo il CLXXXI), per poi essere trasferiti nella Penisola sul finire dell'anno, venendo trasformati in semplici Battaglioni quadro. Il 22 ottobre la 1ª Batteria del DLXI Gruppo Semoventi da 75/18, rientrò presso il proprio reparto in Sardegna[35], mentre il 17 ottobre il XIII Battaglione Carri L era sbarcato a Palau, dove fu sciolto il mese successivo, ad eccezione della Compagnia Motomitraglieri, che rimase autonoma.

Il tributo di sangue italiano negli scontri in Corsica fu elevato, oltre 600 caduti, che oggi riposano nel cimitero dei "Lupi di Toscana" a Livorno. Nel corso delle operazioni in Corsica furono decorati di Medaglia di Bronzo al Valor Militare il Capitano Giovanni Carta, il Sottotenente Giuseppe Giuliano, il Sergente Ettore Moretti (alla memoria) ed i Carristi Bernardino Cenni e Pietro Zanni del CXXXI Battaglione Semoventi da 47/32, mentre il Sottotenente Domenico Chicco, ufficiale medico del battaglione, meritò una Croce di Guerra al Valor Militare.

Tutt'oggi, a distanza di quasi 80 anni dalla fine della Seconda Guerra Mondiale, in Corsica è facile imbattersi in residuati del conflitto, soprattutto autoveicoli e mezzi corazzati, alcuni dei quali, soprattutto nel corso degli ultimi anni, sono stati oggetto di progetti di recupero e di musealizzazione.

7. Albania

La più grande unità dotata di mezzi corazzati presente in Albania era l'11ª Divisione "Brennero", il cui 9° Reggimento Artiglieria "Brennero" poteva contare sul DLVIII Gruppo Semoventi da 75/18 M41 e sul CXXXII Battaglione Semoventi Controcarro da 47/32, oltre al XLVII Gruppo Contraereo da 75/46, due Gruppi Artiglieria da 75/32 ed un Gruppo da 75/27. Travolta dai tragici eventi dell'8 settembre, la Divisione non oppose di fatto alcuna resistenza alle forze armate germaniche, sciogliendosi in maniera incruenta e consegnando armi e mezzi agli ormai ex alleati.

A Tirana, si trovava il IV Gruppo Corazzato del Reggimento "Nizza Cavalleria", al comando del Tenente Colonnello Luigi Goytre. Il reparto, che dipendeva dalla 9ª Armata, era costituito su uno Squadrone di 15 carri L6/40 ed uno Squadrone su 21 autoblindo AB41 e svolgeva servizi di pattugliamento e scorta. Dopo la dichiarazione dell'Armistizio il Tenente Colonnello Goytre fu tra i primi ufficiali ad opporsi vigorosamente alle forze armate germaniche ed il IV Gruppo Corazzato si scontrò duramente con reparti tedeschi per alcuni giorni, in modo particolare per impedire l'occupazione dell'aeroporto della città. Proprio durante questi combattimenti, il 12 settembre perse la vita proprio il Tenente Colonnello Goytre, che era stato gravemente ferito al torace . Per il suo sacrificio, il 23 settembre 1945 fu conferita la Medaglia d'Oro al Valor Militare alla sua memoria con questa motivazione: "*In un momento tragico per la Patria e di smarrimento delle sue forze armate, tenendo fede al giuramento prestato opponeva con fierezza di spirito, degna delle nobili tradizioni dell'Esercito italiano, un categorico rifiuto all'ordine impartitogli di cedere le armi ai tedeschi e di arrendersi. Pur essendo consapevole dei gravi rischi cui si votava reagiva immediatamente organizzando onorevole reazione. Fallito il tentativo di guadagnare alla sua causa un comandante che poteva validamente opporsi col suo reparto di artiglieria alla caduta in mani nemiche di un importante aeroporto, non esitava ad impegnarsi in un impari aspro combattimento di cui era l'ardente animatore, ma nella dura lotta cadeva colpito a morte. Mentre esalava, dopo atroce agonia, l'ultimo respiro, si perfezionava quella resa che nel suo fine intuito doveva essere respinta ad ogni costo. Col supremo sacrificio segnava ai più la luminosa via del dovere e dell'onore. - Tirana, 13 settembre 1943*".

Il 5° Squadrone del II Gruppo Squadroni "Cavalleggeri Guide" fu raggiunto il 9 settembre dalla notizia che l'aeroporto di Tirana rischiava di essere occupato dai tedeschi, ma il 12 settembre, circondato da reparti della 100.Jäger-Divison nella propria caserma nei pressi di Skumbini, cedette le armi intorno alle ore 21:00.

---

35 La Batteria dovette cedere ai reparti francesi 7 autocarrette CL39, 4 motociclette Benelli biposto ed un'autovettura FIAT 1100.

Anche il Reggimento "Cavalleggeri di Monferrato", comandato dal Colonnello Luigi Lanzuolo e che disponeva di 30 carri armati L6/40, era di stanza in Albania, nella zona di Berat, sul fiume Osum, alle falde del Monte Tomori, e dipendeva anch'esso dalla 9a Armata del Generale Renzo Dalmazzo. Il Comando di Reggimento ed il 1° Gruppo Squadroni, assieme ad altre forze italiane, presidiavano la città di Berat ed i dintorni, mentre il 2°Gruppo Squadroni, comandato dal Maggiore Pietro Carbone, era distaccato nel bacino petrolifero del Devoli a salvaguardia degli interessi italiani colà rappresentati dall'A.I.P.A. (Azienda Italiana Petroli Albanesi). Già all'indomani dell'Armististio iniziarono a pervenire al Maggiore Carbone richieste da parte dei tedeschi, che chiedevano di cedere le armi e di liberare le postazioni di difesa, poste a presidio dei pozzi petroliferi. Il 13 settembre un reparto autocarrato tedesco tentò un attacco di sorpresa al presidio di Devoli, prontamente respinto grazie all'energica reazione del Maggiore Carbone, che aveva ordinato al 3° ed al 4° Squadrone di rispondere al fuoco. Il 18 settembre il Colonnello Lanzuolo si portò con il 1° Gruppo Squadroni lungo la rotabile Berat - Lushnja, a pochi chilometri in linea d'aria da Devoli. Il giorno seguente,il Colonnello Lanzuolo tenne rapporto agli ufficiali del 2° Gruppo, comunicando che non erano più giunti ordini dai comandi superiori e che riteneva un trabocchetto l'offerta fatta dai tedeschi di raggiungere per via ordinaria lo scalo ferroviario di Bitolj in Jugoslavia, per proseguire poi sotto il loro controllo verso l'Italia. Il Maggiore Carbone, che già aveva consultato gli ufficiali del 2° Gruppo, espresse l'intento di non permettere il disarmo da parte dei tedeschi ed accennò di avere avuto alcuni contatti con dei capi partigiani della zona. Il 21 Lanzuolo strinse così un accordo con Vangel Zoto, uno dei capi partigiani comunisti più influente della zona, per il passaggio del Reggimento "Monferrato" alla Resistenza locale. Da questo momento i militari del Reggimento furono gradualmente disarmati dai partigiani albanesi, per essere poi destinati a diverse unità, in modo da evitare che un reparto italiano rimanesse unito, disciplinato e soprattutto armato, benché inserito nel dispositivo resistenziale. All'inizio di ottobre, per un breve periodo il Colonnello Lanzuolo fu anche, di fatto, prigioniero dei comandi partigiani, in quanto rinchiuso come "ospite" nella rocca di Berat. Il 20 ottobre il Reggimento "Monferrato" fu definitivamente sciolto, con tutti i suoi effettivi aggregati, a piccoli gruppi, a reparti partigiani diversi. All'alba del 15 novembre 1943 Berat fu investita da un poderoso attacco tedesco, che travolse i partigiani. Reparti meccanizzati, preceduti da mitragliamenti a bassa quota e appoggiati da qualche carro, ebbero rapidamente la meglio sulla difesa delle forze partigiane albanesi. Il Colonnello Lanzuolo fu fatto prigioniero dai tedeschi durante il rastrellamento che seguì il combattimento e venne fucilato nei pressi di Berat lo stesso giorno. Alla sua memoria fu concessa la Medaglia d'Oro al Valor Militare con la seguente motivazione: "*Soldato di pura tempra, comandante abile e sagace, assumeva per suo espresso desiderio il comando del reggimento "Cavalleggeri Monferrato" in Albania, conservandone integre la compattezza morale, lo spirito di ardimento, l'attaccamento alla Patria lontana ed al dovere attraverso i difficili eventi e la pericolosa situazione politica di quella terra. Dopo l'armistizio, con la sua vigile azione di comando, riusciva a sottrarre alla cattura l'intero reggimento portandolo alla montagna a difesa della libertà e della giustizia. Attaccato, dopo strenua lotta sempre in mezzo ed esempio ai suoi cavalleggeri, fatto prigioniero veniva barbaramente trucidato dai tedeschi. Faceva così olocausto della propria vita per aver voluto mantenere fede al suo onore di soldato e di comandante. il suo sacrificio servì di esempio ai suoi cavalleggeri che seppero vendicarne la memoria combattendo compatti nelle file dei patrioti - Berat (Albania), marzo - 15 novembre 1943*"[36]. I suoi Cavalleggeri, seguendo le direttive lasciate dal comandante, impossibilitati a continuare la lotta come unità organica, si diedero alla macchia combattendo nelle formazioni partigiane. Il Reggimento non fu più ricostituito.

---

36 Lanzuolo aveva combattuto anche nella Grande Guerra, nel corso della quale era stato decorato di Medaglia di Bronzo al Valor Militare (Castelnuovo, settembre 1915) e di Croce di Guerra al Valor Militare (Bainsizza, agosto 1917); con Regio Decreto del 18 aprile 1931 era stato inoltre nominato Cavaliere dell'Ordine della Corona d'Italia.

8. Balcani

Al momento dell'Armistizio nei Balcani si trovavano molte unità corazzate italiane, disperse su un territorio vastissimo. La situazione delle unità corazzate era la seguente:

- dall'XI Corpo d'Armata, con quartier Generale a Lubiana, dipendevano:
  - Compagnia Autonoma Carri a Zara
  - Compagnia Autoblindo a Lubiana
  - I Battaglione del 31° Reggimento Fanteria Carrista (dipendente dalla Divisione "Lombardia") con la 2ª Compagnia a Jastrebarsko, la 3ª Compagnia a Cronomelj ed aggregata la 2ª Compagnia Lanciafiamme
- dal V Corpo d'Armata, con quartier Generale a Crikvenica, dipendeva:
  - I Gruppo Carri L "San Giusto"
- dal XIII Corpo d'Armata, suddiviso tra Spalato e Zara, dipendeva:
  - Battaglione Carri della 1ª Divisione "Celere" a Spalato (la Divisione si era spostata a Sussak, ma i suoi reparti si trovavano ancora tra Spalato e Knin)
- dal VI Corpo d'Armata, con quartier Generale a Dubrovnik, dipendeva:
  - II Gruppo Carri
- dal XIV Corpo d'Armata in Montenegro dipendeva:
  - III Battaglione del 31° Reggimento Fanteria Carrista.

Le Compagnie di carri L presenti nei Balcani si trovarono impossibilitate a fare ritorno nella Madrepatria, e si dissolsero praticamente senza tentare nessuna resistenza, abbandonando i propri carri armati e le proprie autoblindo, spesso senza sabotarli, che finirono nelle mani dei tedeschi e dei partigiani titini. Proprio i tedeschi, d'altra parte, erano già pronti ad una eventuale defezione italiana dal mese di agosto, temendo soprattutto un cedimento del Nord Italia e della Slovenia italiana, facili nodi di accesso al Reich da sud. A Lubiana il 9 settembre, il giorno dopo l'armistizio, il 19.SS-Polizei Regiment disarmò l'XI Corpo d'Armata a Lubiana e la Divisione "Cacciatori delle Alpi" e si impadronì di numerose autoblindo AB41 ed autoprotetti AS37, che andarono ad integrare i mezzi corazzati dell'Aufkl.Abt.17.

In questo clima di disfatta, una delle poche eccezioni fu rappresentata dal II Gruppo Carri "San Marco". Infatti, il 13 settembre a Dubrovnik il 2° ed il 3° Squadrone organizzarono rapidamente una resistenza contro la SS Division "Prinz Eugen", che aveva raggiunto la città, ingaggiando un furioso combattimento, protratto per alcune ore e, nonostante l'accanita difesa, le truppe italiane furono costrette alla resa e numerosi carri L3 ed alcune vetuste autoblindo Lancia 1ZM furono incamerate dai militari tedeschi.

A Spalato, dove si trovava uno Squadrone del II Gruppo Carri "San Marco", il Generale Becuzzi, comandante della 15ª Divisione "Bergamo", ma anche massima autorità civile della città, tenne un atteggiamento ambivalente quando il 10 settembre i partigiani slavi fecero il loro ingresso in città: da una parte mostrava di volere scendere a patti con i titini, dall'altra cercava di prendere contatti e di trattare con le forze armate tedesche. I partigiani slavi scoprirono ben presto questo doppio gioco e si impossessarono con la forza delle armi e degli equipaggiamenti italiani, temendo che questi ultimi non si sarebbero opposti ad eventuali attacchi condotti dai tedeschi, catturando anche i 16 carri armati tra L3 ed L6 ed almeno 2 autoblindo AB41, che costituivano la dotazione di corazzati dello

Squadrone del Gruppo "San Marco " presente in città.

Tre unità decisero invece di continuare la guerra a fianco delle forze armate tedesche.

In Montenegro, il III Battaglione del 31° Reggimento Carristi fu raggiunto a Podgorica dalla notizia dell'Armistizio, firmato l'8 settembre a Cassibile. Nel clima di generale incertezza, il 10 settembre il Capitano Ripandelli, comandante della 6ª Compagnia, con gli ufficiali subalterni, radunò il reparto e, affiancato da ufficiali della 5ª Compagnia e della Compagnia Comando del battaglione, pronunciò un discorso nel quale dichiarava che per il bene della Patria era necessario rimanere a fianco dei tedeschi e continuare la guerra, chiedendo quindi, a chi volesse continuare a combattere, di fare un passo avanti. La quasi totalità degli effettivi alla 6ª Compagnia aderì senza esitazione alla proposta del Capitano Ripandelli. A sera la 6ª Compagnia, insieme ad alcuni Carristi delle altre Compagnie che avevano deciso anch'essi di continuare a combattere a fianco delle truppe tedesche, si trasferirono presso lo spiazzo dove erano accantonati i reparti della Wehrmacht. I militari ed i carri furono così inquadrati nella 118. Jäger–Division, a Podgorica e nelle giornate seguenti alcuni militari italiani sbandati di altre Armi si presentarono all'accampamento della compagnia, chiedendo di potersi unire: i tedeschi predisposero immediatamente dei tesserini bilingue datati 9 settembre 1943 ed iniziò quindi la collaborazione con i reparti germanici. Da quel momento i carri L3 del reparto ricevettero un particolare segno distintivo, una Balkenkreuz con doppi angoli bianchi sui lati delle casematte, e sugli spigoli posteriori erano riportati numeri arabi progressivi bianchi su un rettangolo di colore chiaro, che sostituiva il vecchio numero distintivo del Reggimento. Questi furono gli unici segni che identificavano la collaborazione tra gli ex alleati, visto che i Carristi mantennero l'uniforme grigioverde, le mostrine e l'armamento individuale e di reparto. Nel mese di novembre alcuni carri L parteciparono ad operazioni di controguerriglia con reparti tedeschi ed a dicembre un plotone partecipò ad un'azione di rastrellamento, che si concluse con la perdita di 2 carri, con caduti e feriti. Dopo questa operazione i carri L, pur rimanendo sempre pronti e disponibili all'impiego, rimasero fermi ai parcheggi e non vennero più utilizzati. Tra la fine di gennaio e l'inizio di febbraio 1944, arrivò l'ordine di lasciare Podgorica per ripiegare sul campo di Müsingen in Germania, con l'obiettivo di costituire un battaglione corazzato per la 1ª Divisione d'assalto, reparto che però non venne mai costituito. I Carristi che con il loro carismatico comandante di compagnia si erano distaccati dal 31° Reggimento Carristi andarono così a formare il battaglione logistico della Divisione Alpina "Monterosa" dell'esercito della Repubblica sociale nel frattempo instauratasi nel nord Italia.

In Montenegro si trovava anche il XL Battaglione Bersaglieri del 5° Reggimento, la cui 1ª Compagnia, equipaggiata con mezzi corazzati, passò con le forze armate tedesche.

Il I Gruppo Carri "San Giusto" era un'unità piuttosto inefficiente, dotata di una quarantina di carri armati usurati dal lungo impiego, con gli Squadroni così dislocati:

- Comando, Squadrone Comando e officina a Susak
- 1° Squadrone a Ogulin e Delnice
- 2° Squadrone a Susak e Crikvenica
- 3° Squadrone a Fiume, Karlobag e Vratnik
- 4° Squadrone a Kristanje e Perkovic.

I reparti presenti a Fiume rimasero compatti all'annuncio dell'Armistizio, ma nei giorni successivi molti militari abbandonarono il Gruppo, finché il comandante ne ordinò lo scioglimento, poco prima dell'arrivo dei tedeschi in città. Nel frattempo, erano giunti in città gli uomini del 1° Squadrone, ormai sbandati, che erano stati disarmati da partigiani jugoslavi lungo il tragitto. Il 3° Squadrone raggiunse Fiume il 14 settembre insieme alla Divisione "Murge" e con ogni probabilità si sbandò. Il

4° Squadrone, che si trovava nella zona di Zara, probabilmente si arrese alla 114.Jäger-Division senza combattere, insieme agli altri reparti là dislocati. Diversa la sorte del 2° Squadrone Carri Leggeri, comandato dal Capitano Agostino Tonegutti. Nei giorni immediatamente successivi all'Armistizio, un pugno di uomini raggiunse Fiume con una quindicina di carri L3. Dopo aver concorso alla difesa della città, su ordine tedesco, il "San Giusto" si trasferì dapprima a Gorizia (febbraio 1944), dove i suoi organici furono rinforzati e ricevette dalle Forze Armate germaniche mezzi corazzati e ruotati, ed infine a Mariano del Friuli (GO), nell'aprile dello stesso anno. Il reparto, ridenominato Gruppo Squadroni Corazzati "San Giusto", fu strutturato su Comando, Squadrone Comando, Squadrone Carri M e Squadrone Carri L, con una dotazione massima di 35 mezzi corazzati di vario tipo, tutti di produzione italiana, ed un organico che raggiunse le 130 unità. I compiti affidati all'unità erano la scorta ai convogli logistici e militari in genere, supporto ad azioni antipartigiane soprattutto in appoggio di unità tedesche, pattugliamento delle vie di comunicazione e, saltuariamente, dei centri abitati nel Goriziano, del Friuli orientale e nel Carso occidentale. Il reparto si sciolse a Mariano del Friuli il 27 aprile 1945, dopo che un reparto operativo del Gruppo aveva preso parte nei giorni precedenti ad un tentativo di controffensiva nella zona di Rupa (ora in Croazia)[37].

9. Egeo

L'Armistizio firmato dal Governo Badoglio e reso noto alle Forze Armate l'8 settembre 1943 colse di sorpresa anche le truppe italiane dislocate nelle cosiddette "isole italiane dell'Egeo", in sostanza il Dodecaneso, dove era dislocata a presidio la Divisione "Regina", alle cui dipendenze si trovava il CCCXII Battaglione Carri Misto[38]. Al momento dell'Armistizio il Battaglione disponeva di sole 2 Compagnie Carri L ed era in attesa di ricevere, dall'Italia, la terza Compagnia equipaggiata con carri M. Si trattava della 15ª Compagnia carri del Deposito del 3° Reggimento Fanteria Carrista di Bologna, che, avrebbe dovuto essere equipaggiata con carri M ed avrebbe dovuto essere inviata nel Dodecaneso, nel luglio 1943, ma il trasferimento non avvenne a causa dell'evolversi degli eventi bellici. Il reparto corazzato non prese parte agli scontri contro le truppe tedesche che si svolsero nell'isola già alla sera dell'8 settembre, contrariamente ad altre unità italiane presenti nell'arcipelago, ma il 9 settembre gli equipaggi delle autoblindo Lancia bloccarono i proprio mezzi lungo la strada per Rodi e li incendiò, per tema che cadessero in mano tedesca. Il Battaglione fu così sciolto l'11 settembre , dopo la resa di tutte le unità italiane al Comando Piazza tedesco di Rodi. Una parte dei Carristi però chiese ed ottenne di poter continuare le ostilità accanto ai Tedeschi e con i carri presenti nell'isola di Rodi, presumibilmente non più di una dozzina, fu formata una Compagnia Corazzata, con un organico di 1 ufficiale e 135 tra sottufficiali e militari di truppa. La Compagnia era aggregata al "Reggimento Italiano Rodi" ("Italienisch Rhodos Regiment"), inquadrato nella Sturmdivision Rhodos. Il Reggimento non prese parte a scontri a fuoco per mancanza di nemici, svolse prevalentemente compiti di polizia e si arrese, con la guarnigione tedesca dell'isola di Rodi, il 5 maggio 1945 agli Alleati.

---

37 Per un approfondimento delle vicende del Gruppo "San Giusto", prima e dopo l'Armistizio, si consiglia la lettura dell'approfondita ricerca di Stefano Di Giusto " Il Gruppo Corazzato San Giusto dal Regio Esercito alla R.S.I. 1934 – 1945", citata in bibliografia.

38 Nato come Battaglione carri L nel maggio 1939 in seno al 31° Reggimento Fanteria Carrista, fu trasferito in Egeo il 30 marzo 1940, con sede a Psito, sull'isola di Rodi. Durante la permanenza sull'isola passarono alle sue dipendenze una Sezione di 2 vecchie autoblindo Lancia 1ZM della Compagnia Mitraglieri Ciclisti dei Regi Carabinieri, un Plotone di 4 Lancia 1ZM del Regio Esercito, che si trovavano già sull'isola dagli anni '30, e la 3ª Compagnia Carrista di Frontiera L5, meglio conosciuti come FIAT 3000, trasferita nel Dodecaneso a metà del 1940. Il Battaglione non fu coinvolto in nessuna azione di guerra, in quanto l'arcipelago fu toccato solo marginalmente dagli eventi bellici. Unica eccezione fu l'occupazione di Creta, conosciuta con il nome in codice di "Operazione Merkur" (20 - 31 maggio 1941), a cui partecipò la 3ª Compagnia del CCCXII Battaglione Carri Misto con 13 carri armati L3, che svolse la funzione di gruppo esplorante delle truppe italiane.

A Creta, similmente, al momento dell'Armistizio, erano presenti 6 carri armati L3, rimasti sull'isola dopo l'operazione "Merkur", inquadrati nella 51ª Compagnia Autonoma Carri L3, organizzata dopo l'occupazione dell'isola con omini e mezzi del CCCXII Battaglione Carri Misto. Mentre i tedeschi occupavano l'intera isola, il CLXI Battaglione "M" Camicie Nere d'Assalto si schierò immediatamente con le forze armate germaniche e fu costituita così la "Legione Italiana Volontari Creta", al comando del Tenente Colonnello Gianoli. La Legione, con i 6 carri presenti sull'isola, riuscì a costituire un reparto corazzato (51° Plotone Carri Armati), che fu dislocato a Retymno, con una forza di 22 uomini. Il Plotone, che formalmente faceva parte della Guardia Nazionale Repubblicana, affrontò alcuni attacchi nemici provenienti dal mare e, soprattutto, dall'aria, patendo anche i disagi legati all'isolamento ed alla scarsità di viveri, deponendo le armi il 4 maggio 1945, insieme alle unità tedesche.

▲ Il Generale Ercole Calvi, comandante del 32° Reggimento Carristi in Sardegna, si trovò a dover affrontare la difficile situazione creatasi nell'isola ed in Corsica, con ben 11 tra Battaglioni e Gruppi alle sue dipendenze.

▲ Esercizi di equilibrismo per un L3/33, probabilmente del II Battaglione Carri L, in Sardegna (D'Alessandro)
▼ L'equipaggio di un carro leggero L3/33 del II Battaglione Carri L35 davanti al proprio corazzato (D'Alessandro).

▲ Mezzi corazzati tedeschi in Sardegna a Palau nei giorni seguenti l'Armistizio (B.A.).

▼ Ufficiali dei reparti corazzati tedeschi a colloquio a Palau, in attesa di muovere in seguito all'annuncio dell'Armistizio italiano (B.A.).

▲ Un carro leggero L3/33 in Sardegna (D'Alessandro).

▼ Sbarco di semoventi da 47/32 nel porto di Bastia l'11 novembre 1942.

▲ Primo piano dello stesso carro della pagina precedente, che permette di notare il simbolo tattico dipinto sulla prua del mezzo (D'Alessandro).

▲ Un altro semovente da 47/32 del CXXXI Battaglione Semoventi L40 sbarca a Bastia.

▼ Carri armati L3 italiani sul lungomare di Ajaccio in Corsica (Benvenuti - Colonna).

▲ Autoblindo italiane in un centro abitato della Corsica.

▼ Sulla Place d'Austerlitz ad Ajaccio, di fronte al monumento dedicato a Napoleone Bonaparte, sfilano alcuni carri armati italiani L3/33 del XIII Battaglione Carri L. Il mezzo in primo piano è interamente dipinto in verde scuro (Manes).

▲ Autoblindo italiane in Avenue Jean Nicoli a Corte, nella Corsica centro-settentrionale, cittadina dove si trovava il Comando italiano dell'isola.

▼ Corazzati e motociclisti dei Bersaglieri del 10° Raggruppamento Celere scortano una colonna per le vie di un centro abitato in Corsica, nei pressi di un posto di blocco italiano, rafforzato con delle interruzioni stradali, realizzate con muretti a secco in pietra.

▲Autoblindo AB41 dei Bersaglieri della 7ª Compagnia Autoblindo del 10° Raggruppamento Celere in marcia nei pressi dell'abitato dall'abitato di Corte, il cui centro storico si vede sullo sfondo a destra. Le macchine hanno sulla prua delle catene per la neve.

▲ Ufficiali della Wehrmacht a colloquio durante le operazioni di imbarco per la Corsica a Palau l'8 settembre 1943 (B.A.).

▼ Automezzi tedeschi della 90.Panzergrenadier-Division in partenza dalla Sardegna, dove andranno ad affiancare i militari della SS-Sturmbrigade "Reichsführer SS", con l'obiettivo di scalzare le forze armate italiane ed impossessarsi dell'isola (B.A.).

▲ Un ufficiale Carrista scruta l'orizzonte con il binocolo da un L3/33 Radio in Corsica; si può notare come il carro sia stato portato agli standard CV38, grazie alla presenza delle cassette delle batterie sui parafanghi anteriori (Arena).

▼ Carri armati CV38 in Corsica parcheggiati davanti ad una scuola. Il primo carro armato, un L3/38 Radio con antenna a stilo, porta lo stemma metallico dei Carristi sulla parte anteriore del carro ed ha una mimetizzazione e macchie marrone rossiccio e nere su sfondo verde (Arena).

▲ Santa Messa al campo officiata tra i semoventi da 47/32 in Corsica (Crippa).

▼ Una colonna di semoventi del CXXXI Battaglione Semoventi L40 in marcia tra le alture corse.

▲ La stessa colonna della foto precedente attraversa un centro abitato. Il mezzo in testa è un semovente comando, dotato di apparecchiatura radio; tutti i semoventi hanno una colorazione uniforme giallo sabbia.

▼ Semoventi Stu.G. III della SS-Sturmbrigade "Reichsführer SS" muovono da Bastia verso i porti di San Bonifacio e di Porto Vecchio, dove sarebbero sbarcate le unità della 90.Panzergrenadier-Division (Arena).

Soldati e Marinai Italiani !

Dopo aver seminato sull'Italia la desolazione e la distruzione, Mussolini è vilmente fuggito davanti il furore popolare e i colpi degli Alleati. Un vento di liberazione percorre la penisola. Ma si vuol continuare a farvi servire Hitler.

VOI NON ACCETTERETE!

I vostri fratelli in Italia non accettano.

A Roma, a Milano, a Torino, delle enormi folle gridano: LA LIBERTA E LA PACE. I tedeschi occupano Trieste e Fiume.

A Milano, a Napoli, a Torino, i tedeschi sparano sulle vostre donne e sui vostri bambini.

Nessuno puo ormai soffocare le aspirazioni profonde del Popolo italiano.

Soldati e Marinai !

Solo l'armistizio mette fine agli orrori della guerra e vi permette di ritornare a casa.

Liberate la Patria vostra dalla rapacità tedesca. Guerra al Nazismo, in Corsica come altrove.

Accogliete gli Alleati come liberatori.

DIVENITE COMBATTENTI DELLA LIBERTA.

Solo a questa condizione salverete la vostra vita e il vostro onore.

IL FRONTE NAZIONALE CORSO

▲Il Fronte Nazionale Corso, dopo l'Armistizio italiano, effettuò un bombardamento mediatico nei confronti dei militari italiani, incitandoli ad unirsi alla locale Resistenza contro i tedeschi, attraverso persuasivi manifesti e volantini.

▲ Mezzi corazzati italiani presidiano il Boulevard Dominique Paoli a Bastia, dopo l'annuncio dell'Armistizio.

▼ Un semovente da 47/32 L40 del XX Battaglione Semoventi da 47/32 presidia il porto di Bastia in Corsica, dopo che le truppe italiane lo avevano riconquistato ai militari tedeschi; il mezzo ha targa "RE 5720"; sullo sfondo il piroscafo "Humanitas" danneggiato (Arena).

▲Dopo una notte di combattimenti, il porto di Bastia, occupato dalle truppe tedesche solo per poche ore, venne ripreso grazie al deciso intervento italiano, sostenuto dai semoventi del XX Battaglione.

LA (MANCATA) RICOSTITUZIONE DELLA SPECIALITA' CARRISTA NEL "REGNO DEL SUD"

L'annuncio dell'Armistizio causò il dissolvimento della maggior parte delle unità corazzate del Regio Esercito, come abbiamo visto in precedenza. Già nel settembre 1943, però, iniziò il lento processo di ricostituzione del Regio Esercito, allorquando il 26 settembre venne formato il Primo Raggruppamento Motorizzato presso Lecce, a San Pietro Vernotico. Il Raggruppamento, comandato dal Generale Vincenzo Dapino, a cui succedette il Generale Umberto Utili, includeva elementi della 58ª Divisione Fanteria Legnano. Il 3 dicembre, aggregato alla 36ª Divisione americana "Texas", partecipò allo sfondamento della Linea Bernhardt a Montelungo, con perdite sanguinose e soprattutto un alto numero di dispersi. Il Raggruppamento riuscì a conquistare Montelungo il 16 dicembre successivo, riuscendo ad impressionare gli Alleati, che non riponevano fiducia in questo reparto italiano.

L'8 ottobre 1943 il Generale Umberto Utili redasse un documento nel quale veniva stimata il numero di mezzi corazzati che potevano rendersi disponibili per il Regio Esercito, in vista di una riorganizzazione e di un'entrata in guerra a fianco degli Alleati. In particolare, il Generale presumeva che si potessero mettere in campo 60 carri M, 75 semoventi da 75, 60 carri L e 40 semoventi da 47, numeri che andavano poi ridotti a causa delle eventuali perdite subite dai reparti in Corsica, che non erano ancora note. Tra questi numeri erano considerati i carri armati presenti in Sardegna, dove però gli Alleati, ritenendo ormai inutile l'impiego delle truppe italiane nell'isola, avevano ordinato un censimento dei materiali d'artiglieria presenti, dal quale risultarono disponibili, probabilmente in vista di una probabile alienazione:

- 80 mitragliatrici FIAT 35 calibro 8 per carro armato L3
- 224 mitragliatrici Breda 38 calibro 8 per carro armato
- 32 mitragliatrici calibro 7.35 per carro armato Somua
- 6 mitragliatrici calibro 12.7 per carro armato L35
- 36 cannoni per carro armato Somua
- 12 cannoni da 47/32 per carro armato M[39]
- 40 cannoni da 47/40 per carro armato M[40]
- 69 cannoni da 75/18 per semoventi.

Il 24 settembre 1943 gli Alleati avevano inoltre fatto consegnare le stazioni radio presenti in Sardegna e sigillare le apparecchiature a bordo dei carri, rendendo di fatto impossibile l'uso in manovra dei reparti corazzati.

Il 18 aprile 1944 il Primo Raggruppamento Motorizzato, forte di circa 22.000 uomini, assunse il nome di Corpo Italiano di Liberazione, organizzato su due Divisioni, la "Nembo" e la "Utili", quest'ultima formata da quello che era stato il Primo Raggruppamento Motorizzato e da altri reparti. Il C.I.L. entrò in linea sul fronte adriatico all'inizio di giugno, al comandando dal Generale Umberto Utili, combattendo al fianco dell'armata polacca. I mezzi corazzati censiti dal Generale Utili avrebbero potuto equipaggiare il Corpo Italiano di Liberazione, insieme ad alcuni mezzi recuperati a Roma dopo l'arrivo degli Angloamericani[41], ma, ad eccezione di una sezione di 3 autoblindo

39 Montati sul M13/40 ed M14/41.

40 Montati sugli M15/42.

41 Si trattava di 1 carro M13/40, 1 semovente da 74, due semoventi da 105 ed un'autoblindo, recuperati presso il Centro Studi della Motorizzazione, e di 8 autoblindo della Polizia Africa Italiana.

AB41 del IX Battaglione d'Assalto, il C.I.L. non fu dotato di alcun reparto corazzato e fu sciolto il 24 settembre 1944, quando iniziò la formazione di 6 unità a livello divisionale, denominate Gruppi di Combattimento. La nascita di questi Gruppi, però, mise definitivamente la parola "fine" alle ambizioni di poter ricostituire delle unità corazzate italiane cobelligeranti. Infatti, i sei Gruppi di Combattimento autonomi ("Cremona", "Legnano", "Friuli", "Mantova", "Piceno" e "Folgore") erano ciascuno equiparabile ad una Divisione leggera, priva però di componente blindata. Ai reparti di Fanteria dei Gruppi furono assegnate in gran numero solo le cingolette blindate Universal Carrier MKI e MKII, secondo la dotazione standard prevista per i battaglioni di Fanteria inglese, mentre tutti i reparti mortai furono montati su Mortar Carrier.

Gli Alleati si dimostrarono quindi diffidenti, tanto quanto i tedeschi nei confronti della Repubblica Sociale, alla ricostruzione di unità militari corazzate italiane da impiegare contro le Forze Armate germaniche.

10. 32° e 132° Reggimento Carristi

In Sardegna, dove maggiore era la presenza di carri armati, si assistette ad una progressiva relegazione delle unità carriste a compiti secondari, destinate di fatto all'oblio. Scacciati i tedeschi dall'isola al Raggruppamento Motocorazzato il 9 ottobre 1943 fu ordinato di ripiegare su Cagliari, per rientrare sul continente, rimanendo però poi dislocato nella zona. Il 32° Reggimento Carristi, che era stato sciolto il 2 ottobre 1943, fu ricostituito il 13 marzo 1944 da parte del 132° Reggimento Carristi, organizzato su:

- I Battaglione carri M
- II Battaglione carri M
- III Battaglione carri Somua
- IV Battaglione Motomitraglieri
- V Gruppo Semoventi da 75/28.

A maggio il 32° ed il 132° Reggimento vennero inquadrati nella ricostituita Divisione "Granatieri di Sardegna", risultando, di fatto, le uniche due unità carriste del Regio Esercito a quella data.

Il 32° Reggimento Carristi era organizzato su:

- I Battaglione carri M
- II Battaglione carri M
- III Battaglione carri L.

Il 132° Reggimento Carristi, invece, aveva questa struttura:

- I Battaglione carri L
- II Battaglione carri L
- III Battaglione Semoventi da 47/32
- IV Battaglione Semoventi da 47/32

Questi reparti non ebbero nessun impiego operativo, per l'aperta ostilità degli Anglo – Americani, e ne fu anzi disposto lo scioglimento il 31 agosto 1944 da parte del Comando Militare della Sardegna. Tutti i carri armati furono concentrati a Guspini, sotto la Direzione del 13° Parco Automobilistico, decretando così la fine della specialità Carrista del Regio Esercito.

11. 5ª Compagnia Carri Lanciafiamme

Nell'organico del 1° Raggruppamento Motorizzato era prevista la presenza della 5ª Compagnia Carri Lanciafiamme, che nelle intenzioni avrebbe dovuto fare parte del V Battaglione Controcarro, insieme a 2 Compagnie Controcarro da 47/32. La Compagnia però non entrò in organico al Raggruppamento, probabilmente per divieto delle autorità Alleate, e fu dislocata a Monterosi (LE), con una dotazione di mezzi di 12 carri L3/35LF. Due carri furono distaccati presso la Divisione "Piceno", dove venivano impiegati per l'addestramento anticarro degli Arditi del Battaglione "Duca d'Aosta" della Regia Aeronautica ed erano a disposizione per la formazione degli ufficiali Carristi della Regia Accademia di Lecce. La Compagnia fu poi trasferita a Taranto, dove svolse compiti di ordine pubblico e dove fu sciolta il 2 ottobre 1944.

12. 1051° Battaglione Autieri Carristi

All'interno del LI Corpo d'Armata era stato costituito il LI Battaglione Carristi il 15 settembre 1943, reparto che ebbe però vita molto breve. Il Battaglione, la cui mobilitazione prese avvio il 1° ottobre 1943, aveva una costituzione organica particolare, dovuta alla scarsa disponibilità di uomini e mezzi:

- Comando
- 1 Compagnia appiedata Carristi
- 2 Compagnia appiedata Carristi
- Compagnia Carri L Lanciafiamme (probabilmente priva di mezzi)

Il reparto fu ridenominato 1051° Battaglione Autieri Carristi nel febbraio 1944 ed era dislocato a Salice Salentino (LE). Il reparto, inquadrato nel Raggruppamento Forze Armate Italiane, fornì poi, dal giugno 1944, supporto logistico all'8ª Armata Britannica, recuperando e riparando carri armati direttamente sulla linea del fronte, fino alla fine del conflitto.

13. Squadrone di Cavalleria – IX Battaglione d'Assalto

Fu questa l'unica piccola unità blindata presente all'interno del Corpo Italiano di Liberazione: si trattava della Sezione Esplorante, formata solamente da 3 autoblindo AB41, assegnata allo Squadrone di Cavalleria, che costituiva una delle quattro Compagnie del IX Battaglione d'Assalto "Col Moschin" dal 5 luglio 1944. Le autoblindo presero parte all'attacco condotto dal IX Battaglione d'Assalto per il forzamento del fiume Musone il 17 luglio. Dopo l'offensiva nella zona di Gubbio (17 agosto) lo Stato Maggiore del Regio Esercito tentò di rimediare al problema dell'inadeguatezza delle risorse necessarie a contrastare i corazzati nemici proponendo di creare un nucleo corazzato con mezzi di produzione nazionale. Alle 3 autoblindo AB41 in dotazione al IX Reparto d'Assalto se ne sarebbero dovute unire altre, forse 6, 1 carro M e 3 semoventi da 75 e 105[42]. Lo sviluppo degli eventi (il 30 agosto 1944 il C.I.L. fu sciolto) rese però tardiva questa proposta. Il IX Battaglione d'Assalto risulta sciolto a Brescia nella seconda metà del 1945[43].

14. Squadrone "F"

Costituito all'inizio di dicembre del 1944 dal Capitano Carlo Francesco Gay, e dipendente dalla 6ª Divisione Corazzata Britannica, con un organico di 130 paracadutisti provenienti dal III e dal XI Battaglione del 154° Reggimento "Nembo", lo Squadrone da Ricognizione "Folgore" era dotato di un proprio autoparco, integrato da un plotone autoblindo, composto da quattro AB41. Il 12 marzo 1944 due autoblindo dello Squadrone concorsero all'occupazione di Montenerodomo (CH), località utilizzata come base per attività di ricognizione del reparto. All'inizio di giugno, un'avanguardia formata da due Plotoni di Paracadutisti e due autoblindo AB41 occupò Isola del Liri (FR). Nel corso dell'estate, lo Squadrone "F" venne privato delle proprie autoblindo, che furono cedute al Comando del Corpo Italiano di Liberazione.

---

42 Si trattava, con ogni probabilità, dei mezzi recuperati a Roma e citati poc'anzi, mentre parte delle autoblindo erano quelle già in carico, come vedremo più avanti, dallo Squadrone "F".

43 Anche elementi del 4° Gruppo Squadroni Carri L "San Marco" furono aggregati al IX Battaglione d'Assalto, ma privi di mezzi corazzati.

▲ Lungo la strada per Bastia, il relitto di un semovente tedesco Stug. III Ausf. G della SS-Sturmbrigade "Reichsführer SS", distrutto dalle artiglierie italiane, viene ispezionato da militari di Sanità del Regio Esercito (Arena).

▼ Soldati di un reparto di Sanità italiano si apprestano a collaborare con reparti della Francia degaullista, arrivati in Corsica dal Nord Africa (Arena).

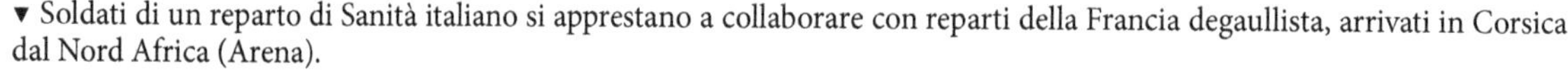

▲Un ufficiale francese delle forze fedeli a De Gaulle studia una cartina insieme ad un ufficiale del XX Battaglione Semoventi ed uno della Divisione "Friuli" in Corsica.

▲ Artiglierie tedesche concentrate nel proto di Bastia, in attesa dell'imbarco, per lasciare la Corsica (Arena).

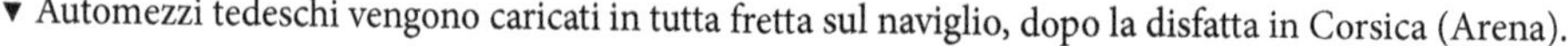

▼ Automezzi tedeschi vengono caricati in tutta fretta sul naviglio, dopo la disfatta in Corsica (Arena).

▲ Un Semovente L40 da 47/32 ristrutturato (con qualche licenza poetica) e conservato al Musée de la Résistance Corse a Zonza, villaggio dell'Alta Rocca in Corsica.

▼ Nei giorni successivi all'Armistizio, nei Balcani, per identificare i carri armati italiani che collaboravano con le Forze Armate tedesche, furono dipinti sui mezzi dagli equipaggi dei vistosi contrassegni rettangolari bianchi. Su questo CV33, in movimento insieme a reparti germanici, è evidente il sistema di contrassegni, dipinti sulla livrea monocromatica, probabilmente grigioverde (B.A.).

▲Il Tenente Colonnello Luigi Goytre, comandante del IV Gruppo Corazzato del Reggimento "Cavalleggeri di Vittorio Emanuele II", caduto combattendo contro i tedeschi a Tirana il 13 settembre 1943, nel tentativo di difendere l'aeroporto della città.

▲Il Colonnello Luigi Lanzuolo, comandante del II Gruppo Corazzato "Cavalleggeri di Monferrato" in una fotografia del 1938. Alla memoria del Colonnello, ucciso in Albania dai tedeschi dopo l'8 settembre, per aver guidato i suoi uomini contro le forze armate germaniche, fu concessa la Medaglia d'Oro al Valor Militare.

I carristi del III Battaglione continuano a combattere

Al Duce dell' Italia repubblicana fascista è pervenuto il seguente telegramma:

« Gli ufficiali, sottufficiali e i carristi usciti dalla file del III battaglione carri, schieratisi con i loro carri al fianco dei camerati tedeschi fin dall' 11 settembre, esultano di poter continuare a combattere ai Vostri ordini per la liberazione e la grandezza della Patria immortale. Vinceremo! - F.to: Comando 118° battaglione carri della 218.a Divisione alpini tedesca. Il comandante capitano: *Ulrico Ripandelli* ».

▲Testo del telegramma inviato dal Capitano Ripandelli, comandante della 6ª Compagnia del III Battaglione del 31° Reggimento Carristi, a Benito Mussolini, per esprimere la volontà del suo reparto di proseguire la guerra accanto ai tedeschi, dopo l'Armistizio. Il telegramma recita: "Gli Ufficiali, Sottufficiali e Carristi usciti dalle file del III Battaglione carri, schieratisi con i loro carri a fianco dei camerati tedeschi fin dall'11 settembre, esultano di poter combattere ai vostri ordini per la liberazione e la grandezza della Patria immortale. Vinceremo!" (Pisanò).

CARRISTI NELLA RESISTENZA

Dopo l'Armistizio molti militari italiani scelsero, per svariati motivi, di darsi alla macchia e di contribuire alla Guerra di Liberazione in maniera clandestina, aderendo ai movimenti partigiani. Anche i Carristi parteciparono al movimento resistenziale, senza però mai riuscire né a costituire una formazione organica, ma solo a titolo individuale, né ad organizzare reparti corazzati, per ovvi motivi[44].

Un'eccezione probabilmente unica fu la banda garibaldina comandata da "Francino", al secolo il Sottotenente Francesco Tumiati del 32° Reggimento Carristi. Dopo aver deciso di darsi alla macchia, per combattere i tedeschi, verso la fine del 1943, raggiunse le Marche, seguito da un gruppo di Carristi da lui dipendenti, e divenne comandante del distaccamento "Pisacane" della Brigata Garibaldi "Pesaro". Nel gennaio 1944, dopo il tragico bombardamento di Urbania (PU), Tumiati si recò nella cittadina per prestare soccorso alla popolazione, incurante del rischio di essere arrestato come renitente, e si prodigò nella rimozione delle macerie, nel disseppellimento dei corpi, nell'assistenza e trasporto dei feriti. Noto per le ardite azioni compiute a danno delle forze armate germaniche, "Francino" guidò i suoi Carristi per otto mesi fino alla sua cattura, avvenuta nel maggio del 1944, durante un massiccio rastrellamento. "Francino" fu sottoposto dai tedeschi ad un processo sommario, durante il quale fu sollecitato a tradire i suoi compagni in cambio della propria salvezza, ma rifiutò ogni compromesso e fu fucilato presso il cimitero di Cantiano (PU) assieme ad essi, gli iugoslavi Djuro Franisić (talvolta citato come Giuro Kuzeta) e Batrić Bulatović[45].

Almeno due Carristi furono fucilati nelle Fosse Ardeatine il 24 marzo 1944, proprio per la loro militanza antifascista: il Sottotenente Saverio Coen (di origine ebraica, collaborò con i servizi segreti britannici) ed il Carrista Gaetano Butera[46]. Saverio Coen, di origine ebraica, aveva partecipato alla Campagna d'Abissinia, ma, nel 1938, in seguito all'emanazione delle leggi razziali, fu costretto a cambiare identità e a procurarsi documenti falsi; durante l'occupazione tedesca della Capitale collaborò con i servizi segreti inglesi, fino al suo arresto avvenuto nel gennaio del 1944. Gaetano Butera era in servizio nel 4° Reggimento Carristi e partecipò alla difesa di Roma, combattendo contro le truppe tedesche. Dopo l'occupazione tedesca, Butera aderì all'organizzazione partigiana "Bande armate del Lazio", venendo infine arrestato durante un'imboscata.

È doveroso ricordare la carismatica figura di Alfredo di Dio. Famoso campione di scherma, Alfredo, dopo aver frequentato l'Accademia di Modena, fu nominato Tenente in Servizio Permanente Effettivo del 1° Reggimento Fanteria Carrista. L'8 settembre, mentre si trovava in trasferimento da Vercelli a Novara, dopo essersi inutilmente presentato al comandante di questa Piazza per proporgli

---

44 Diverso fu il caso dei partigiani titini, che poterono formare delle unità corazzate vere e proprie, sia con materiale catturato agli italiani dopo l'Armistizio, sia con blindati forniti dagli Alleati. Tra i partigiani slavi vi furono anche Carristi del disciolto Regio Esercito, che optarono per l'adesione alla resistenza comunista, che spesso riuscirono a portare con sé anche un piccolo numero di carri armati.

45 Per questo fu decorato di Medaglia d'Oro al Valor Militare: "*Accorso quale semplice partigiano nelle file di una Brigata Garibaldina, raggiungeva, per valore dimostrato, il grado di comandante di distaccamento. Coraggioso fino alla temerità e sorretto da ardente fede anche nei più difficili momenti, mai vacillò innanzi al pericolo e, dopo avere strenuamente sostenuto per 18 giorni la cruenta pressione di un poderoso rastrellamento tedesco, cadeva nelle mani del nemico. Sottoposto a rapido giudizio, manteneva il più fiero contegno e, sdegnosamente rifiutando di avere salva la vita a prezzo di vile tradimento, affrontava con la serenità degli eroi il plotone di esecuzione offrendo il petto al piombo nemico che troncava la sua balda giovinezza. - Cantiano (Pesaro), 17 maggio 1944*".

46 Il Sottotenente Saverio Coen fu decorato di Medaglia d'Argento al Valor Militare alla memoria, mentre il Carrista Gaetano Butera di Medaglia d'Oro al Valor Militare alla memoria.

di organizzare una resistenza ai tedeschi, si mosse verso i monti tra il Novarese e l'Ossola e, dopo uno scontro con i tedeschi, si diede alla macchia con un gruppo di suoi soldati. Raggiunto dal fratello Antonio, aderì alla Brigata "Patrioti Valstrona" in Val d'Ossola. Riorganizzò i suoi uomini e costituì prima la Brigata Alpina d'Assalto "Filippo Beltrami" e successivamente la Divisione "Val Toce", formazioni di ispirazione cattolica, assumendone il comando con il nome di battaglia "Marco". Tra le più importanti formazioni autonome di orientamento cattolico, La "Val Toce", che fu una delle più grosse unità partigiane autonome di ispirazione cattolica e che giunse ad inquadrare 22.000 partigiani sparsi tra Piemonte e Lombardia, si distinse soprattutto nella battaglia per la liberazione dell'Ossola. Proprio durante gli scontri nell'ossolano, Di Dio morì durante un violento conflitto a fuoco in Val Cannobina, dove premevano imponenti reparti tedeschi, il 12 ottobre 1944. Alla sua memoria fu attribuita una Medaglia d'Oro al Valor Militare[47].

Infine, ricordiamo quanto successo a Roma, dove personale del disciolto 4° Reggimento Carristi fu inquadrato nel già citato Battaglione Mobile di Pubblica Sicurezza della Polizia Repubblicana. Molti di questi Carristi del 4° aderirono segretamente ad organizzazioni patriotiche della Capitale, che facevano capo al Tenente Colonnello Luigi Battisti, già comandante di uno dei Battaglioni del disciolto Reggimento, fungendo da informatori infiltrati. Ricordiamo in modo particolare il già citato Sottotenente Carrista Raffaello Parri, che era l'Alfiere del 4° Reggimento Carristi. Dopo l'Armistizio conservò lo stendardo del Reggimento, nascondendolo in casa fino alla fine del conflitto, salvandolo da fine certa. Entrato nella Resistenza romana, si infiltrò anch'egli nella Polizia di Roma, potendo così disporre di informazioni preziose, che permisero di salvare la vita a partigiani ed ebrei. Parri, venuto a sapere dell'attentato di via Rasella, si nascose in un convento per diversi mesi, nel timore di essere scoperto e catturato[48].

---

47 *"Ufficiale dell'Esercito in s.p.e., fin dal primo giorno della resistenza fu alla testa del proprio reparto nell'accanita battaglia contro l'oppressore. Organizzò i primi nuclei partigiani e con magnifico ardimento li condusse nell'impari lotta attraverso una serie di audaci imprese. Catturato dal nemico, con sdegnosa fierezza subì i duri interrogatori e, riuscito a farsi liberare, temerariamente riprese il suo posto di combattimento partecipando alle operazioni che, attraverso lunghi mesi di sanguinosa lotta, portarono alla conquista della Vai d'Ossola. In questo primo lembo d'Italia valorosamente conquistato resistette per quaranta giorni con i suoi uomini stremati, affamati e male armati contro forze nemiche di schiacciante superiorità, finché con le armi in pugno incontrò eroica morte alla testa dei suoi partigiani. - Valle Strona, settembre 1943; Valle d'Ossola, Val Vigezzo, Finero, settembre - ottobre 1944".*

48 In effetti il Colonnello Montezemolo, che dirigeva le formazioni clandestine a cui facevano capo anche i carristi del 4° Carristi, fu una delle vittime delle Fosse Ardeatine.

▲ Elementi della 6ª Compagnia del III Battaglione del 31° Reggimento Carristi, comandati dal Capitano Ulrico Ripandelli, continuarono a combattere accanto ai tedeschi della 118.Jager – Division dopo l'Armistizio. Sui carri armati fu posto un particolare sistema di insegne, composto da una peculiare Balkenkreuz e da una numerazione progressiva (B.A.).

▼ Il Gruppo Squadroni Corazzati "San Giusto" fu organizzato dopo l'Armistizio con reparti di Cavalleria del disciolto Regio Esercito, che avevano rifiutato il cambio di fronte ed avevano decisero di continuare la guerra accanto alle forze armate tedesche. In questa foto un L3/33 del Gruppo ripreso presso il cortile della Scuola Industriale di Mariano del Friuli (GO), sede del reparto, nell'autunno 1944. Sulla scudatura delle mitragliatrici è dipinto lo stemma del reparto nella sua ultima versione con il tricolore sventolante, mentre sulle fiancate della casamatta sono ancora presenti i simboli tattici del Regio Esercito (Benvenuti - Colonna).

▲ Un carro armato L3 del CCCXII Battaglione Misto Carri si imbarca prima della partenza per Creta, occupata dalle forze italo – tedesche, nel corso dell'operazione "Merkur" tra il 20 ed il 31 maggio 1941.

▼ I carristi del CCCXII Battaglione Carri Misto dell'Egeo, tentarono inutilmente di sabotare le proprie autoblindo Lancia 1ZM dandogli fuoco lungo la via per Rodi il 9 settembre 1943. Anche se ormai vetuste, le autoblindo furono spogliate da militari germanici, recatisi sul luogo ad ispezionarle, di tutto ciò che può essere riutilizzato, come le mitragliatrici, le munizioni e gli pneumatici. La blindo in primo piano è targata "RE 88B" e si nota a malapena il curioso schema mimetico a piccole chiazze giallastre, probabilmente dipinte a pennello sul colore verde scuro uniforme.

▲ Il Sottotenente Francesco Tumiati del 32° Reggimento Carristi. Dopo l'8 settembre organizzò, con un gruppo di suoi carristi, un nucleo partigiano, diventando con il nome di "Francino", comandante del distaccamento "Pisacane" della Brigata Garibaldi "Pesaro". Morì nel maggio del 1944, dopo essere stato catturato dai tedeschi durante un massiccio rastrellamento, venendo decorato con Medaglia d'Oro al Valor Militare alla memoria.

▲ I reparti del Regio Esercito "cobelligeranti" non ricevettero alcuna dotazione di mezzi corazzati, se non un diffuso numero di cingoletta britanniche, sufficienti alle necessità logistiche delle unità. In questa foto un Universal Carrier MK II del CLXXXV Reparto Arditi Paracadutisti "Nembo" del Corpo Italiano di Liberazione a L'Aquila il 16 giugno 1944 (Ricchezza).

▼ Le uniche tre autoblindo AB41 della sezione AB40 del IX Reparto d'Assalto del Corpo Italiano di Liberazione; i veicoli sono mimetizzati secondo lo schema tipico del periodo, un fondo giallo sabbia con macchie marroni e verdi, e la seconda macchina monta pneumatici del tipo "Libia" (Pignato).

▲ Un carro armato CV33 catturati ed impiegati da partigiani jugoslavi dopo l'8 settembre in Dalmazia, probabilmente a Spalato. Il mezzo mantiene la colorazione ed i segni identificativi originari ed è privo delle mitragliatrici, forse asportate dall'equipaggio italiano per sabotarlo e renderlo inoffensivo.

▼ In Croazia, soprattutto in Dalmazia, i partigiani jugoslavi si impossessarono di molti carri armati italiani, come di questo L6/40, probabilmente catturato ad un'unità di Cavalleria. Sul carro vi è ancora la targa del Regio Esercito ed il partigiano che monta fieramente la guardia indossa capi di vestiario ed equipaggiamento italiani.

▲ Alfredo Di Dio, Tenente del 1° Reggimento Fanteria Carrista, aderì alla Resistenza dopo l'8settembre con il nome di battaglia "Marco", diventando comandante della formazione partigiana Valtoce. Durante la ritirata seguita alla caduta della Repubblica dell'Ossola, Di Dio cadde in un'imboscata il 12 ottobre 1944. Alla sua memoria fu assegnata la Medaglia d'Oro al Valor Militare.

▲ Il Sottotenente del 4° Reggimento Carristi Raffaello Parri, alfiere del Reggimento, fotografato il 3 marzo 1944 in uniforme da poliziotto: alcuni carristi del 4° Reggimento, infatti, dopo gli scontri del settembre 1943, passarono alle dipendenze della Polizia, che a Roma disponeva di un proprio reparto corazzato. Il Sottotenente, dopo avere partecipato alla battaglia di Porta San Paolo, aderì alle formazioni clandestine militari romane (Parri).

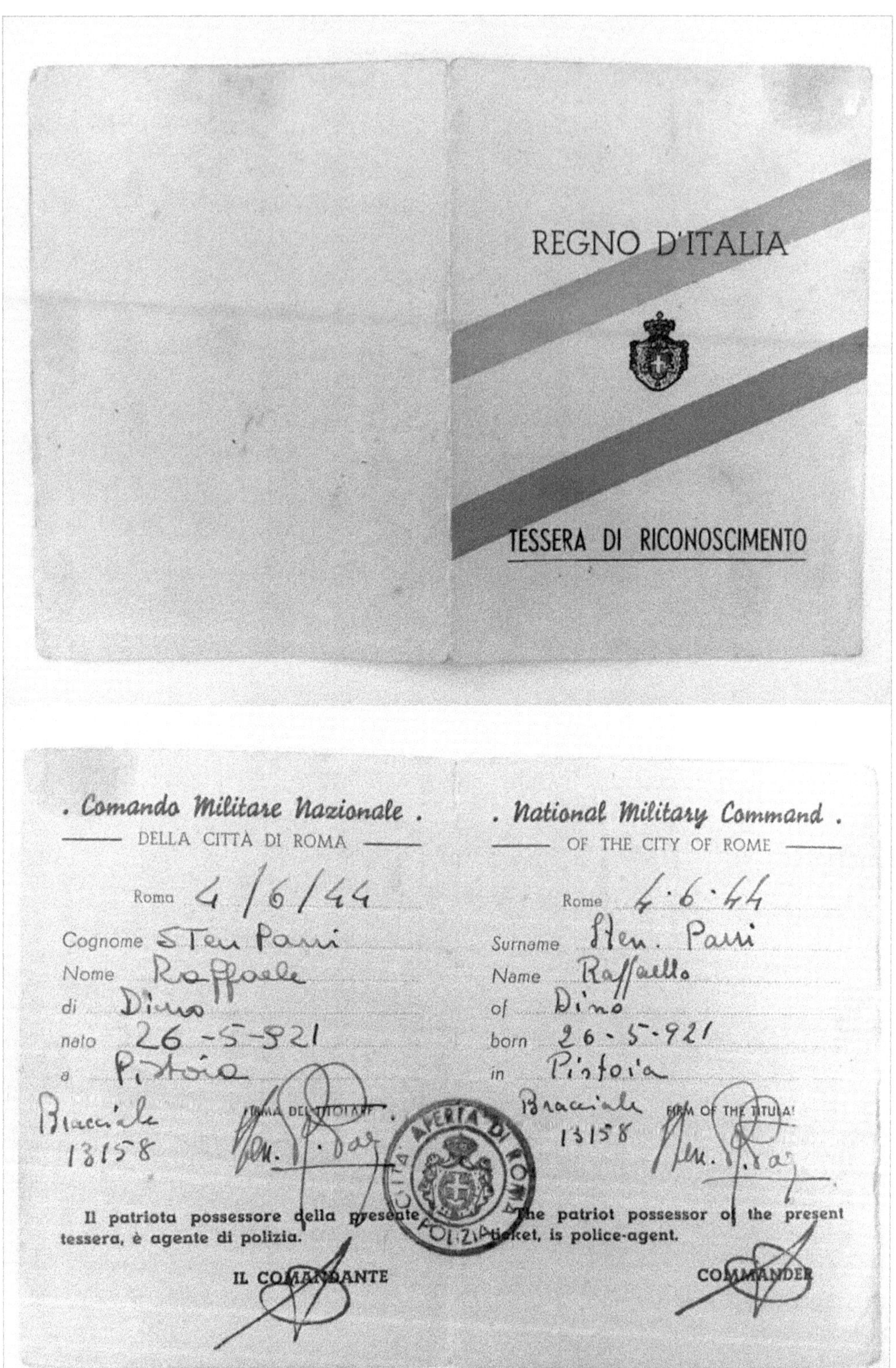

REGNO D'ITALIA

TESSERA DI RICONOSCIMENTO

. Comando Militare Nazionale .
DELLA CITTÀ DI ROMA

Roma 4/6/44
Cognome S Ten Parri
Nome Raffaele
di Dino
nato 26-5-921
a Pistoia
Bracciale 13158
FIRMA DEL TITOLARE

Il patriota possessore della presente tessera, è agente di polizia.

IL COMANDANTE

. National Military Command .
OF THE CITY OF ROME

Rome 4·6·44
Surname Sten. Parri
Name Raffaello
of Dino
born 26-5-921
in Pistoia
Bracciale 13158
FIRM OF THE TITULAR

The patriot possessor of the present ticket, is police-agent.

COMMANDER

CITTÀ APERTA DI ROMA
POLIZIA

▲ Fronte e retro della tessera d'identità rilasciata al Sottotenente Carrista Raffaello Parri dal Comando Militare Nazionale della Città di Roma, che lo identificava coma agente di Polizia, appartenente alla Resistenza. Sulla tessera, oltre al timbro della Polizia della "Città Aperta" di Roma, è stato appuntato il numero del bracciale utilizzato come distintivo identificativo dell'ufficiale (Parri).

BIBLIOGRAFIA

Libri

- AA.VV., “Storia dei mezzi corazzati”, Fratelli Fabbri Editori, Milano 1976.
- AA.VV., “Soldati e Battaglie della Seconda Guerra Mondiale”, Hobby & Work Italiana Editrice, Bresso (MI), 1999.
- AA.VV., “Piombino Medaglia d’Oro - Una battaglia di verità e giustizia”, Comune di Piombino, 2008.
- Arena Nino, “R.S.I. – Forze Armate della Repubblica Sociale – La guerra in Italia – 1943”, Ermanno Albertelli Editore, Parma, 2002.
- Barba Selene, “La Resistenza dei militari italiani all’Estero – Francia e Corsica”, Rivista militare, Roma, 1995.
- Barlozzetti Ugo, Pirella Alberto, “Mezzi dell’Esercito italiano 1935 – 1945”, Editoriale Olimpia, Firenze, 1986.
- Benvenuti Bruno, Colonna Ugo, “Fronte Terra” volumi 1, 2/I, 2/II e 2/III, Edizioni Bizzarri, Roma 1974.
- Bonciani Carlo, “Squadrone F”, Vallecchi, Firenze, 1946.
- Capitani Mario, “La difesa di Roma – Cronistoria dal 25 luglio al 29 settembre 1943”, Edizioni Stem Mucchi, 1973.
- Cappellano Filippo, Pignato Nicola, “Gli autoveicoli da combattimento dell’Esercito Italiano”, volume I, S.M.E. – Ufficio Storico, Roma, 2002.
- Cappellano Filippo, Pignato Nicola, “Gli autoveicoli da combattimento dell’Esercito Italiano”, volume II, S.M.E. – Ufficio Storico, Roma, 2002.
- Cappellano Filippo, Pignato Nicola, “Il Regio Esercito alla vigilia dell’8 settembre 1943”, Ermanno Albertelli Editore Parma, 2003.
- Carloni Fabrizio, “L’occupazione italiana della Corsica – novembre 1942 – ottobre 1943”, Mursia, Milano, 2016.
- Carro Giuseppe, Grioni Daniele, “Fortini di Sardegna 1940-1943. Storia di un patrimonio da salvaguardare e valorizzare”, Grafica del Parteolla, Dolianova (CA), 2014.
- Cataldi Umberto, Di Nardo Roberto, “La difesa di Roma e i Granatieri di Sardegna nel settembre 1943”, Stato Maggiore dell’ Esercito, Roma, 1993.
- Ceva Lucio, Curami Andrea, “La meccanizzazione dell’Esercito fino al 1943”, S.M.E – Ufficio Storico, Roma, 1989.
- Commissione Italiana di Storia Militare, “La partecipazione delle Forze Armate alla Guerra di Liberazione e di Resistenza – 8 settembre 1943 8 maggio 1945”, Ente Editoriale per l’Anna dei Carabinieri, Roma, 2003.
- Corbatti Sergio, Nava Marco, “Come il diamante”, Laran Editions, Bruxelles, 2008.
- Crippa Paolo, “I Reparti Corazzati della Repubblica Sociale Italiana 1943 -1945”, Marvia Edizioni, Voghera (PV), 2006.
- Crippa Paolo, “I mezzi corazzati italiani della Guerra Civile 43- 45”, Mattioli 1885, Fidenza (PR), 2015.
- Crippa Paolo, Manes Luigi, “Italia 43-45 - I mezzi delle Unità cobelligeranti”, Mattioli 1885, Fidenza (PR), 2018.

- Crippa Paolo, "I Carristi di Mussolini - Il gruppo corazzato "Leonessa" dalla M.V.S.N. alla R.S.I.", Soldiershop, Zanica (BG), 2019.
- Crippa Paolo, Cucut Carlo, "I reparti corazzati italiani nei Balcani 1941-1945", Soldiershop, Zanica (BG), 2019.
- Crociani Piero, "La Polizia dell'Africa Italiana (1937-1945)" Ufficio Storico della Polizia di Stato, Roma, 2009.
- Cucut Carlo, "Le Forze Armate della R.S.I. 1943 – 1945 – Forze di terra", G.M.T., Trento, 2005.
- D'Agostini Lorenzo, Forti Roberto, "Il sole è sorto a Roma", A.N.P.I., Roma, 1965.
- De Lorenzis Ugo, "Dal primo all'ultimo giorno. Ricordi di guerra 1939 - 1945", Longanesi, Milano, 1971.
- Di Giusto Stefano, "Il Gruppo Corazzato San Giusto dal Regio Esercito alla R.S.I. 1934 – 1945", Laran Éditions, Bruxelles, 2008.
- Finazzer Enrico, Caretta Luigi, "Le camionette del Regio Esercito", G.M.T., Trento, 2020.
- Fracassi Claudio, "La battaglia di Roma 1943. I giorni della passione sotto l'occupazione nazista", Mur
- Franceschini Luigi, "50 anni dopo", Associazione Nazionale Granatieri di Sardegna, 1993.
- Girlando Raffaele, "PAI – Polizia dell'Africa Italiana", Italia Editrice, Campobasso, 1996.
- Giusti Maria Teresa, Rossi Aga, "Una guerra a parte. I militari italiani nei Balcani, 1940-1945", Il Mulino, Bologna, 2017.
- Guerrieri Valerio, "Ricordo di Piombino 1899 – 1940", Bandecchi & Vivaldi, Pontedera (PI), 1994.
- Guerrieri Valerio, "Ricordo di Piombino 1944 – 1980", Bandecchi & Vivaldi, Pontedera (PI), 1994.
- Guglielmi Daniele, "Italian Armour in German Service 1944 – 1945", Mattioli 1885, Parma, 2005.
- Guglielmi Daniele, Tallillo Andrea, Tallillo Antonio, "Carro L3. Carri veloci, carri leggeri, derivati", GMT, Trento, 2004.
- Guglielmi Daniele, Tallillo Andrea, Tallillo Antonio, "Carro L6 – Carri leggeri, semoventi, derivati", seconda edizione, GMT, Trento, 2019.
- Guglielmi Daniele, Tallillo Andrea, Tallillo Antonio, "Carro M. Carri medi M11/39, M13/40, M14/41, M15/42, semoventi e altri derivati", GMT, Trento, 2010.
- Guglielmi Daniele, Tallillo Andrea, Tallillo Antonio, "Carro M. Carri medi M11/39, M13/40, M14/41, M15/42, semoventi e altri derivati", volume 2, GMT, Trento, 2012.
- Masacci Luca, "I veicoli corazzati italiani 1940 – 1943: album fotografico", Mattioli 1885, Fidenza (PR), 2013.
- Mattesini Francesco, "I combattimenti di Monterosi, lago di Bracciano, Monterotondo e Porta San Paolo", Edito in proprio, Roma, 2020.
- Marzilli Marco, Mori Alessandra, "Roma 1943-1944 ieri & oggi", H.E.-Herald Editore, Roma, 2007.
- Mei Bruno, "I Lancieri di Montebello alla difesa di Roma 8-10 Settembre 1943", Edizioni Corporazione Arti Grafiche, Roma, 1981.

- Meleca Vincenzo, "I carri armati poco conosciuti del Regio Esercito. Prototipi, piccole serie e carri esteri", Associazione Culturale TraccePerLaMeta, Sesto Calende (VA), 2015.
- Monelli Paolo, "Roma 1943", Giulio Einaudi Editore, Torino, 2020.
- Pafi Benedetto, Benvenuti Bruno, "Roma in Guerra - immagini inedite settembre 1943-giugno 1944", Edizioni Oberdan, Roma, 1985.
- Papò Paolo Emilio, "I mezzi corazzati italiani. I primi quarant'anni", IBN Editore, Roma, 2011.
- Papò Paolo Emilio, "Armistizio!", IBN Editore, Roma, 2020.
- Parri Maurizio, "Tracce di Cingolo", A.N.C.I., Verona, 2016.
- Parri Maurizio e Bianchi Carlo, "A Nessuno Secondi, le ricompense al valor militare ai Carristi dal 1927 a oggi", A.N.C.I., Roma, 2020.
- Parri Maurizio, "Tributo al 31° Reggimento Carri", Soldiershop Editore, Zanica (BG), 2021.
- Pignato Nicola, "1912 – 1985 Dalla Libia al Libano", Editrice Scorpione, Taranto, 1989.
- Pignato Nicola, "Motori!!! Le truppe corazzate italiane 1919 – 1994", GMT, Trento, 1995.
- Pignato Nicola, "Italian Armored Vehicles of World War Two", Squadron Signal Publications, USA, 2004.
- Pignato Nicola, "Italian Medium Tank in Action", Squadron Signal Piblications, USA, 2001.
- Pignato Nicola, Cappella Filippo, "Insegne, uniformi, distintivi e tradizioni delle truppe corazzate italiane", T&T Editore, Dogana (San Marino), 2005.
- Pignato Nicola, "Un secolo di autoblindate in Italia", Mattioli 1885, Fidenza (PR), 2008.
- Pisanò Giorgio, "Storia della Guerra Civile in Italia", Edizioni F.P.E., Milano, 1965.
- Predoević Dinko, Dimitrijević Bojan, "Oklopne postrojbe Sila Osovine na jugoistoku Europe u Drugome svjetskom ratu", Despot Infinitus d.o.o., Zagabria (Croazia), 2015.
- Ratti Italo Franco, "Con la Centauro, con la Monterosa", memorie edite in proprio.
- Riccio Ralph A., "Italian tanks and combat vehicles of World War II", Mattioli 1885, Fidenza (PR), 2010.
- Schipsi Domenico, "L'occupazione italiana dei territori metropolitani francesi 1940 – 1943", Ufficio Storico dello Stato Maggiore dell'Esercito, Roma, 2007.
- Solinas Gioachino, "I Granatieri di Sardegna nella difesa di Roma del settembre '43", Gallizzi Editore, Sassari, 1968.
- Tognarini Ivano, Panicucci Massimo, "La battaglia di Piombino", ESI, Napoli, 1999.
- Tognarini Ivano, "Documentazione per la Medaglia d'Oro", Comune di Piombino (LI).
- Tullio Saverio, "La difesa di Roma 8-9-10 settembre 1942", Associazione Militari In Congedo – Lazio, 2011.
- Tumiati Gaetano, "Morire per vivere : vita e lettere di Francesco Tumiati Medaglia d'Oro della Resistenza", Corbo, Ferrara, 1995.
- Zangrandi Ruggero, "1943: 25 luglio – 8 settembre", Feltrinelli Editore, Milano, 1964
- Zannoni Mario, "Parma 1943, 8 settembre", Editrice PPS, Parma, 1997.

Articoli

- Cappellano Filippo, "La Divisione Corazzata "M" poi "Centauro II", in "Storia Militare" numero 133 – ottobre 2004.
- Degl'Innocenti Carlo, "La battaglia di Piombino", in "L'Unità", 2 settembre 1974.
- Dondoli Alessandro, "Piombino settembre 1943", in "Storia Militare numero 72, settembre 1999.
- Falessi Cesare, "Semoventi italiani derivati dall'M13: una famiglia di poco noti veicoli da combattimento", in "Storia Modellismo" numero 3, anno IV, marzo 1980.
- Galantini Cesare, "La battaglia della Corsica", in "Resistenza e antifascismo oggi", anno XXIII, numero 2, aprile 2012.
- Pignato Nicola, "L'8 settembre a Parma ed il 433° carri M", in "Storia Modellismo" numero 9, anno II, settembre 1978.
- Pignato Nicola, "La "Difesa di Roma" - 1943", in "Storia Modellismo" numero 9, anno IV, settembre 1978.
- Prunetti Alberto, "1943 – La rivolta", in "Left", 6 settembre 2019.
- Tocci Patrizio, "XIX Battaglione Carri M42" in Studio Storico Militari 1999, Ufficio Storico dello Stato maggiore dell'Esercito, Roma, 2000.
- "P.A.I. - Roma, 4 giugno 1944", in "Acta", anni XXXII, numero 1 (95), gennaio – marzo 2018.

Riviste

- "Il Carrista d'Italia", organo dell'Associazione Nazionale Carristi d'Italia, numeri vari.
- "Rivista Militare", numeri vari.
- "Storia Militare", numeri vari.
- "Bastie – La Ville magazine", numero 41, "70eme anniversaire de la Libération de la Corse – Septembre – Octobre 1943: la Ville se souvient", novembre 2013, Bastia (Francia).

Altre pubblicazioni

- AA.VV., "L'Esercito Italiano nella guerra di Liberazione", supplemento a "Rivista Militare n°1, Stato Maggiore dell'Esercito - Ufficio Generale Promozione, Pubblicistica e Storia, Roma 2020.
- Graziano, "La vicenda di Silvio Gridelli, soldato aversano resistente a Porta San Paolo nel '43", in "La Resistenza nel Sud - Le azioni spontanee partigiane", atti del Congresso internazionale di Caserta- Mignano Montelungo – San Pietro Infine- 21- 24 ottobre 2004, Caserta, 2005.

Malvezzi Emanuela, Dondoli Alessandro, "La difesa costiera a Piombino nel secondo conflitto mondiale" dal catalogo della mostra documentaria "Le difese costiere a Piombino nei due conflitti mondiali", 1998.

- "Relazione sul fatto d'arme svoltosi a Piombino nei giorni 10 e 11 settembre 1943 al quale ha preso parte il XIX° Battaglione Carri M/42(31° Reggim. Carrista) ed il suo comportamento dopo tale data", Tenente Colonnello Angelo Falconi, conservato presso l'Archivio dell'Ufficio Storico dello Stato Maggiore dell'Esercito, Roma (Raccolta relazioni – 8 settembre 1943, rep. N 1-11, busta 2121/D/7/7).

TITOLI GIÀ PUBBLICATI
TITLES ALREADY PUBLISHING

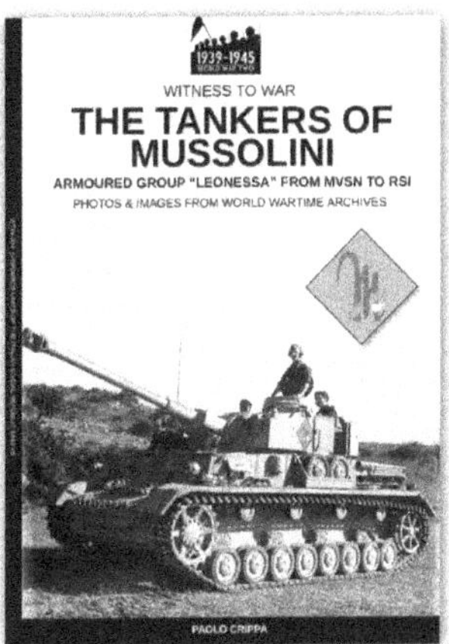

BOOKS TO COLLECT

www.ingramcontent.com/pod-product-compliance
Ingram Content Group UK Ltd.
Pitfield, Milton Keynes, MK11 3LW, UK
UKHW061827190726
13853UKWH00009B/2480